Religiões Monoteístas

Jeannine Siat

Religiões Monoteístas

uma brevíssima introdução

Tradução:
Lucy Magalhães

Jorge Zahar Editor
Rio de Janeiro

Título original:
Les grandes religions monothéistes

Tradução autorizada da primeira edição francesa, publicada em 1999, por Éditions du Seuil, de Paris, França, na coleção Mémo, dirigida por Jacques Généreux

Jorge Zahar Editor Ltda.
rua México 31 sobreloja
20031-144 Rio de Janeiro, RJ
tel: (21) 240-0226 / fax: (21) 262-5123
e-mail: jze@zahar.com.br
site: http//www.zahar.com.br

Capa: Carol Sá e Sérgio Campante

CIP-Brasil. Catalogação-na-fonte
Sindicato Nacional dos Editores de Livros, RJ.

Siat, Jeannine
S565r Religiões monoteístas: uma brevíssima introdução / Jeannine Siat; tradução Lucy Magalhães. — Rio de Janeiro: Jorge Zahar Ed., 2000

Tradução de: Les grandes religions monothéistes
ISBN 85-7110-544-8

1. Monoteísmo. 2. Judaísmo. 2. Cristianismo. 3. Islamismo. I. Título.

CDD 211.39
00-0107 CDU 291.14

Sumário

O Judaísmo

O Cristianismo

O Islamismo

1 O Judaísmo

Os textos do judaísmo

O judaísmo se baseia em vários textos fundamentais: a Bíblia judaica ou "lei escrita", isto é, os livros do Antigo Testamento escritos em hebraico e aramaico (excluindo-se os escritos em grego) — o âmago desses livros é a Torá; os *midrashim* e o Talmud, chamados de "lei oral", embora sejam escritos. Esse conjunto se inscreve na história do povo judeu.

A Bíblia

O que se denomina usualmente como Bíblia compreende uma parte importante escrita antes de nossa era, o Antigo Testamento, e uma parte mais curta escrita no início da nossa era, o Novo Testamento, que reúne os textos cristãos. O Antigo Testamento contém os textos sobre os quais se funda o judaísmo, a Bíblia hebraica, assim como textos escritos diretamente em grego, não considerados pelo judaísmo.

A Bíblia hebraica

A Bíblia hebraica é formada pelos livros que o sínodo (assembléia) dos rabinos, os sábios judeus, reunidos em Jamnia nos anos 90 de nossa era, reconheceu e inscreveu no cânon (lista oficial): vinte e quatro livros divididos em três tipos de textos, a Torá, os Profetas e os Escritos.

A *Torá*, ou *Lei*, é o texto fundador para os judeus. Ela compreende os cinco primeiros livros da Bíblia, chamados *Pentateuco* em grego: Gênese, Êxodo, Levítico, Números, Deuteronômio. Os *Profetas* relatam a história do povo judeu a partir de sua instalação na terra de Israel até o exílio. Os *Escritos* são principalmente livros de prece, reflexão e sabedoria.

A Septuaginta

Com as conquistas realizadas por Alexandre, a língua grega se difundiu pela bacia do Mediterrâneo e, em conseqüência dos distúrbios na Palestina (cf. p.14), certas comunidades judias se instalaram nas cidades gregas. Era a dispersão, ou Diáspora. Uma brilhante comunidade se desenvolveu em Alexandria. Esses judeus se helenizaram e impunha-se a necessidade de traduzir a Bíblia para o grego. Essa tradução se estendeu por dois séculos, embora a lenda relatada pela *Carta de Arísteas*, um texto apócrifo do século II a.C., afirme que, a pedido de Ptolomeu II (285-247 a.C.), o grande sacerdote Eleazar enviou para Alexandria 72 sábios (seis por tribo), para que traduzissem a Torá. Esse trabalho teria sido feito em 70 dias. Daí o nome de *Septuaginta*. A essa tradução somou-se uma dezena de novos livros, escritos diretamente em grego. Esse conjunto, a tradução dos livros hebraicos e os novos livros escritos em grego, forma o Antigo Testamento da Bíblia cristã.

O conteúdo dos livros da Bíblia hebraica

A Torá

Os cinco livros da Torá são o fundamento da fé e da vida religiosa do judeu. Aí ele encontra não só a organização de sua vida cultural e religiosa, mas também um código moral que lhe permite viver e permanecer na presença de Deus.

— O *Gênese* é o livro das origens: primeiro, a criação do mundo; depois a epopéia dos patriarcas Abraão, Isaac e Jacó; enfim, a descida ao Egito com José.

— O *Êxodo* relata a saída dos hebreus do Egito, sua passagem pelo deserto, a entrega da Lei a Moisés, o texto dessa Lei — código da Aliança de Deus com seu Povo.

— O *Levítico* contém a organização do culto, as obrigações rituais e legais.

— Os *Números* (livro assim chamado porque começa com o recenseamento das tribos de Israel) prologam o livro do Êxodo e explicam as práticas da vida ritual e social do povo de Israel.

— O *Deuteronômio*, ou segunda Lei, é uma releitura da Lei. É considerado como o testamento deixado por Moisés aos hebreus.

Esses cinco livros constituem a Lei. Os judeus seriam julgados segundo esse código, em toda a bacia do Mediterrâneo, até a Idade Média.

Os Profetas

Fazem parte dessa categoria os livros de caráter histórico e aqueles atribuídos aos profetas, porta-vozes de Deus.

• *Livros históricos*
— *Livro de Josué*: Josué sucede a Moisés, para conduzir os hebreus à conquista da Terra Prometida;
— *Livro dos Juízes*: esses chefes proféticos (Gedeão, Sansão, Débora, Jefté) lembram aos hebreus os seus deveres para com Deus;
— *Livros de Samuel*: esses dois livros relatam a história dos primeiros reis (Saul e Davi) e a fundação do reino de Judá;
— *Livros dos Reis*: esses dois livros narram a história dos reinos de Judá e de Israel com os sucessores de Davi.

Esses livros históricos também são obras de edificação moral. Na verdade, apresentam a vida dos reis ou dos grandes personagens em função de sua fidelidade a Deus: embora não se dediquem à idolatria, seu reino é coroado de sucesso. O rei é o sábio por excelência, pois recebe a unção real do Senhor, de quem é o "representante" na Terra.

• *Livros proféticos*
Contêm os escritos e ações dos profetas *Isaías, Jeremias, Ezequiel*, assim como os dos "doze pequenos profetas" (pequenos pela extensão de seus escritos, não por seu conteúdo):

Oséias, Joel, Amós, Abdias, Jonas, Miquéias, Naum, Habacuc, Sofonias, Ageu, Zacarias, Malaquias. Esses profetas estão ligados à história de Israel, pois intervêm junto aos reis, para reconduzi-los ao culto do verdadeiro Deus, se deste se afastam, e adverti-los quanto aos perigos do seu tempo. Também tentam reconduzir o povo ao culto, durante o Exílio na Babilônia, e zelam por sua coesão, suscitando entre os exilados a esperança do retorno.

Os Escritos

São formados por onze livros. Alguns deles se assemelham a livros históricos: *Ruth* fala dos ancestrais do rei Davi; *Esdras* e *Neemias* evocam o retorno do exílio na Babilônia e as dificuldades da reconstrução de Jerusalém e do Templo. As *Crônicas* são uma releitura dos livros dos Reis.

Os outros livros dessa categoria são hagiográficos (*Jó, Ester, Daniel,* cujas figuras são modelos para os judeus), seja de reflexão sobre a vida (*Provérbios, Eclesiastes* ou *Kohelet*), seja de preces (*Salmos* e *Cântico dos cânticos,* um poema de amor).

A formação do texto

Antes da realeza

Até o século XI a.C., a tradição era principalmente oral. O período dos patriarcas (1800-1200 a.C.), cuja epopéia está contida no livro do Gênese, não deixou praticamente nenhum vestígio histórico. A partir de Moisés (c.1200 a.C.), é provável que os textos fundadores tenham sido transcritos (por exemplo, as Tábuas da Lei). Foram retomados em um conjunto quando o rei Davi (c.1000 a.C.) instituiu uma chancelaria com escribas. Esses textos são metafóricos. Deus é designado pelo tetragrama YHWH (Yahweh). São os escritos "yahwistas" do Pentateuco. Deus também é chamado pelos nomes de *Adonai, El, Elohim* (cf. p.73).

Da realeza ao exílio

Depois da separação em dois reinos, no século IX a.C., apareceram os relatos em que Deus é chamado de Elohim. Daí o nome de escritos "elohistas". Ao longo do tempo, as tradições dos dois reinos se fundiram em uma única narração, o que explica o fato de se encontrar às vezes dois relatos justapostos para um mesmo acontecimento: a Criação ou o Dilúvio, por exemplo. A narração elohista é mais sóbria do que a yahwista. No século VIII, uma nova leitura desse conjunto trouxe alguns retoques aos textos antigos e resultou em novo livro, o Deuteronômio. Dessa época arcaica datam a maior parte da Torá e o essencial dos livros históricos e proféticos.

Depois do exílio

Os anos de exílio na Babilônia (587-538 a.C.) levaram os hebreus a inovar. Na falta de templo, o culto passou a se realizar na sinagoga, sem sacrifícios — situação que favorecia a reflexão feita pela classe sacerdotal. Os textos se enriqueceram com escritos litúrgicos e jurídicos, e com genealogias. Dois relatos assinalam o retorno do Exílio: Esdras e Neemias. No século IV a.C., a Bíblia hebraica estava concluída.

Os outros escritos

Durante os séculos que se seguiram ao retorno do Exílio, e mesmo muito depois, a Bíblia suscitou comentários e interpretações.

Os escritos rabínicos

O judaísmo rabínico se desenvolveu, como tradição oral, do século II a.C. até o século V d.C. Essa tradição, colocada por escrito no século II d.C., constitui a *Mishná*, que também se desenvolveria e seria novamente transcrita para formar o *Talmud.* Este é composto de duas tradições, a de Jerusalém e a da Babilônia. Seus comentários e discussões esclarecem o sentido da Bíblia e permitem aplicações concretas da Lei.

Os *midrashim*

Midrash vem de uma palavra que significa "examinar", "aprender". Os *midrashim* constituem um gênero literário peculiar: pretendem dar uma interpretação da Lei escrita sob forma de paráfrases edificantes e sermões. Já estão presentes, embrionariamente, no Talmud. Esses comentários se enriqueceram ao longo dos séculos. A Torá, o Talmud e os *midrashim* formam o código de vida do judaísmo.

A história do povo judeu

Originários de um povo semita do Oriente Próximo, os hebreus viveriam durante alguns séculos sob uma monarquia. À medida que o poder político se perdia, a coesão do povo judeu seria garantida pela veneração à Lei e pelo culto do Templo. Depois da destruição deste, os escritos e o culto sinagogal manteriam o judaísmo através dos tempos.

Antes do exílio

Os ancestrais: os patriarcas

Ao longo do segundo milênio, alguns grupos de semitas nômades se deslocaram pela franja do Crescente fértil; os patriarcas participaram dessas grandes migrações. Abraão veio de Haran, na Caldéia, mas era originário de Ur. Seu filho Isaac e, depois deste, Jacó continuaram fiéis à sua região de origem: ali encontraram suas esposas, e não entre o povo cananeu, junto ao qual viviam em nomadismo. Essas migrações, vindas do norte, se deram provavelmente por volta de 1850 a.C.

A história de José, vendido por seus irmãos e levado para o Egito, onde salvou o país da fome, só pode situar-se durante um período de distúrbios políticos no Egito, seja no reinado dos hicsos, de 1650 a 1550 a.C., seja no de Akhenaton, de 1377 a 1358.

A história dos patriarcas está narrada no livro do Gênese. É precedida de um relato da criação do mundo, do homem e seus primeiros descendentes, dos seus pecados e do Dilúvio purificador. Esses relatos não são históricos no sentido moderno do termo; os autores bíblicos queriam mostrar que:
— Deus está na origem de toda criação;
— os Patriarcas descobriram a existência desse Deus único, que conduz o seu destino;
— essa descoberta fez dos patriarcas os pais da fé.

Moisés e o Êxodo

Por volta de 1200 a.C. surge na história do povo judeu um personagem que teria um papel considerável na unificação dos hebreus: Moisés. Esse chefe, educado na corte do faraó, liderou o povo hebreu em sua saída do Egito, reconduzindo-o a Canaã, a "Terra Prometida". Durante a peregrinação no deserto do Sinai, Moisés outorgou ao povo um código, lei religiosa que Deus lhe transmitira, mas também lei ritual e social. As doze tribos de Israel, isto é, os descendentes dos doze filhos de Jacó, se tornaram o povo de Israel. Sob a direção de Josué, sucessor de Moisés, os hebreus se instalaram progressivamente na terra de Canaã, às vezes com dificuldade. Os livros do Êxodo, dos Números, de Josué e o dos Juízes revelam algumas dessas peripécias.

Davi, Salomão e seus sucessores

Depois de um período de hesitações, o povo de Israel se estruturou e se constituiu como reino, cujo apogeu se deu sob os reinados de Davi e de Salomão, do século X ao IX a.C.

O rei *Davi*, da tribo de Judá, consumou a conquista com a tomada da cidade dos jebuseus, Jerusalém, e ali estabeleceu sua capital. O reino se estendia então do Monte Hermon, ao norte, até o Mar Morto, ao sul, e das costas mediterrâneas até além do Jordão. A monarquia estabelecida por Davi continuou sendo um ideal para os israelitas e um modelo para todos os reis. Davi seria o salmista por excelência.

Salomão, segundo filho de Davi, sucedeu ao pai em 972 e reinou durante 40 anos. É o símbolo da sabedoria real. Erroneamente, atribui-se-lhe, em virtude dessa reputação, a redação de vários livros do Antigo Testamento. Salomão consolidou a monarquia e construiu cidades fortificadas, um soberbo palácio em Jerusalém e, perto deste, um templo magnífico dedicado a YHWH, cuja fama, mesmo depois de seu desaparecimento, ficaria gravada na memória do povo. A partir de então Jerusalém seria o centro do culto único para todos os hebreus, atraindo todas as tribos nos dias de festa. O esplendor desse reino é descrito pelos livros dos Reis e pelas Crônicas.

Entretanto, Salomão não conseguiu manter a unidade do seu reino. O peso dos impostos e a oposição dos círculos proféticos à excessiva tolerância religiosa de Salomão em relação aos cultos pagãos praticados por suas esposas geraram movimentos separatistas, principalmente no norte. Depois de sua morte, o reino se dividiu em dois: o reino de Judá, ao sul, tendo por capital Jerusalém, e o reino de Israel, ao norte, com dez tribos e cuja capital era Samaria.

Os descendentes de Salomão não se entendiam, e muitas vezes os dois reinos seriam rivais. Essas disputas e a instabilidade dinástica de Israel fizeram desses Estados presas fáceis para os vizinhos poderosos. A expansão assíria pôs fim ao reino do norte em 721. O reino do sul recolheu o que sobrou dele, principalmente a corrente profética, que realizaria uma renovação religiosa. Mas o reino de Judá também era cobiçado por seu vizinho poderoso e caiu em 587 sob o ataque dos babilônios de Nabucodonosor. Jerusalém foi saqueada; o Templo, destruído; a elite e o rei foram deportados para a Babilônia e a Mesopotâmia. Alguns hebreus deixaram o país e se instalaram no Egito: era o começo da Diáspora. A queda de Jerusalém pôs fim à independência política do reino de Judá.

Depois do exílio

Um retorno difícil

Os hebreus ficariam 50 anos no exílio. Esse período, durante o qual foi escrita a versão definitiva da Bíblia, foi capital para a evolução da religião.

Graças a um edito de 538 a.C. do rei Ciro da Pérsia, doravante senhor da região, os descendentes do reino de Judá, os *judeus*, puderam voltar a Jerusalém. Com muita dificuldade (conforme mostram os livros de Esdras e de Neemias), reconstruíram um templo, bem menor do que o de Salomão, e reorganizaram o culto, que se irradiou a partir de então sobre a Diáspora. Só os hebreus do reino do Norte, que não foram deportados, conservaram o antigo culto: eram os samaritanos, considerados hereges pelos judeus.

A região não tinha paz. Em 333 a.C. depois da conquista de Alexandre, o helenismo se desenvolveu no país. A intransigência de Antíoco IV, que queria suspender o culto judaico até então respeitado, provocou a revolta dos macabeus e o efêmero retorno de uma dinastia judaica, os asmoneus. Mas em 63 a.C. a conquista de Pompeu destruiu essa frágil independência, e a província se tornou a Palestina romana.

A Palestina romana

Os romanos deixaram o poder nas mãos de um rei da região, o idumeu Herodes, dito o Grande. Este era malvisto, pois não era judeu e colaborava com o ocupante. Herodes então mandou construir obras suntuosas para obter as boas graças dos judeus: um novo Templo, soberbo, em Jerusalém, um mausoléu para os patriarcas em Hebron. Mas, sob o domínio romano, a situação dos judeus se tornava cada vez mais difícil. A revolta se generalizou em 66 d.C. A réplica romana, a "pacificação", que Flávio Josefo relatou na *Guerra dos judeus*, resultou, em 70 d.C., na destruição parcial de Jerusalém por Tito e no incêndio do Templo, que mal acabara de ser construído. Essa campanha se encerrou com o suicídio coletivo de Massada. Uma nova revolta estourou em 135, sob o imperador Adriano, sendo reprimida com energia: Adriano mandou arrasar Jerusalém e reconstruir no local uma cidade romana, Aelia Capitolina; nenhum judeu teria o direito de entrar na cidade até o reinado de Constantino. Os judeus sobreviventes se refugiaram no norte, na Galiléia, ou foram para a Babilônia e outras cidades do império.

Na época cristã, os judeus recuperariam a liberdade de circular e praticar seu culto por toda parte. O império bizantino só se tornaria ameaçador no momento das grandes invasões, pois temia a união dos judeus com os persas. No século IX, o islamismo, mais intransigente, instaurou a *dhimmitude* (ou "proteção") para os judeus e para os cristãos: verdadeira sujeição, impunha o pagamento de impostos suplementares e acarretava obrigações civis e políticas por vezes vexatórias. O uso do árabe tornou-se obrigatório na região; as partidas para o Ocidente se multiplicaram.

A religião judaica

A religião judaica é a herdeira da religião dos hebreus. O povo judeu é o povo da Aliança e da Lei. O judaísmo dito rabínico, o que conhecemos em nossos dias, se constituiu em torno do Templo, entre o século II a.C. e os dois primeiros séculos de nossa era.

A religião de Moisés

A Aliança

Consolidada com Noé, a Aliança de Deus com seu Povo tem seqüência através da história dos patriarcas, atingindo o seu apogeu no Sinai, com a entrega da Lei a Moisés, durante uma teofania grandiosa. A noção de aliança é uma das características fundamentais da história dos hebreus que o judaísmo integrararia. Sinal da proximidade do Deus de Israel na história humana, ela significa a fidelidade desse Deus para com o seu Povo. A tradição afirma que remonta aos patriarcas o costume de circuncidar os filhos varões.

A Lei

A palavra "lei", tradução habitual da palavra hebraica *torah*, tem um sentido excessivamente limitado, assim como a tradução grega *nomos* ou a latina *lex*. A Torá comporta muito poucos preceitos; ela é o ensinamento que leva a Deus e organiza a vida litúrgica com suas festas e rituais, enfim é um código social que permite a vida em comum, em meio a outros povos mas preservando a Aliança feita com Deus.

Ela apresentou uma novidade absoluta em relação a todas as leis que existiam no mundo mediterrâneo — e que Moisés não podia ignorar, por causa de sua educação egípcia. Enquanto essas leis se fundam em relações sociais hierárquicas, em torno de um rei representante da divindade e súditos escravos submetidos a uma obediência total, na lei judaica os homens são iguais, pois assim o são diante de Deus. No tempo da realeza de Israel, os profetas sempre lembrariam aos reis sua condição humana, a qual eles tendiam a esquecer.

O nome de Deus

Antes da Aliança no Sinai, o Deus dos hebreus era muitas vezes chamado *El*, Deus poderoso, ou *Elohim*, o plural majestático de *El*, que significa que, nesse Deus, concentra-se todo o divino. Depois do Êxodo, o culto oficial passa a preferir o nome de Yahweh. Essa palavra, transcrita pelo tetragrama YHWH, é mencionada em um dos mais antigos textos da Bíblia (Juízes, 5, 4-5); é o nome sob o qual o Deus dos patriarcas se revelou a Moisés, no Sinai (Êxodo 3, 14). O culto a YHWH parece ter nascido no sul de Israel, provavelmente durante o período do Êxodo.

Não se pode ver Deus, ele é indizível, inapreensível; não se pode pronunciar o seu nome. Diz-se *Adonai* ("meu Senhor") ou *Shema* ("o nome"). A pronúncia do tetragrama é fundada sobre uma — hipotética — transcrição grega.

O judaísmo do séc. II *a.C. ao séc.* II *d.C.*

O Templo

Até o ano 70 d.C., o Templo de Jerusalém era o lugar destinado à prece. Ali, liam-se e comentavam-se os livros sagrados, cantavam-se salmos. Mas o Templo também era o único local de culto judaico em que se ofereciam sacrifícios: particulares, nos ritos de purificação ou ação de graças; e principalmente comunitários, por ocasião das grandes festas. Estas atraíam judeus de toda a Diáspora. Em torno do Templo gravitavam fiéis, dirigentes e também mestres com seus discípulos, que formavam escolas de diferentes tendências. Depois da destruição do Templo, não houve mais culto sacrificial no judaísmo, subsistindo apenas as reuniões sinagogais.

Os fariseus

Essa palavra significa "separados". Efetivamente, os fariseus se opuseram aos asmoneus, líderes políticos e religiosos originários da dinastia dos macabeus. Eram fiéis à Lei e à tradição, que estudavam e ensinavam. Leigos piedosos, amados pelo povo, acreditavam na ressurreição e na retribuição divina. Mas seu formalismo era notório.

Os saduceus

Descendentes de Sadoc, grande sacerdote de Davi, eram, na maioria, originários de famílias ricas da classe sacerdotal. Opunham-se aos fariseus, pois recusavam a tradição oral e não acreditavam na ressurreição dos mortos. O povo os temia, pois as decisões do sinédrio, assembléia que os saduceus controlavam e que fazia as vezes de tribunal, podiam excluir os judeus da comunidade, ficando o excluído, então, sujeito à lei romana. Os saduceus colaboravam freqüentemente com o ocupante, pois temiam perder sua autoridade sobre o Templo. Com o desaparecimento deste, também desapareceriam.

Os levitas

Pertenciam à tribo de Levi. Eram encarregados do culto do Templo, em sistema de revezamento, sob a autoridade dos saduceus. Com a destruição do Templo, essas categorias religiosas tradicionais desapareceram. Os rabinos (doutores) herdaram o seu poder e foram encarregados do estudo e do ensino dos textos. Deles viria o Talmud.

As outras correntes

O judaísmo do século I d.C. foi atravessado por muitas correntes. Os *essênios*, ascetas, consideravam-se os únicos puros e viviam afastados, seja nas cidades, seja no deserto, e em comunidade, em torno de um líder. Tornaram-se mais conhecidos depois das descobertas feitas a partir de 1947, nos arredores de Jericó, em Qumran, no deserto de Judá. Os *samaritanos*, "irmãos separados" para o judaísmo oficial a partir da volta do Exílio (538 a.C.), tinham seu templo no monte Garizim e recusavam-se a freqüentar o de Jerusalém. Os *zelotas* formavam um partido político combativo, que pregava a resistência ao ocupante romano, a fim de restabelecer o antigo reino de Israel. Nessa questão, pensavam como certas correntes messiânicas (messias significa "o ungido", "o rei"), que esperavam um messias para restabelecer o reino. Os *sicários* não hesitavam em assassinar os seus adversários.

A queda do Templo foi vivida pelos judeus como uma catástrofe, um desastre comparável ao fim do mundo.

A lei no centro do judaísmo

O ritmo da vida judaica é dado pela Lei e pelo Talmud.

As festas

A cada ano, as festas lembram os grandes acontecimentos da história de Israel.

• A *Páscoa*, ou *Pessah* ("passagem"), comemora a saída do Egito, com a travessia do Mar Vermelho. Ocorre no dia 14 do mês de Nissan, isto é, na primeira lua cheia da primavera. Na época do Templo, fazia-se o sacrifício de um cordeiro de um ano, assado e consumido em família. Atualmente, a festa compreende preces e canto de salmos na sinagoga e um ritual doméstico com uma refeição que lembra a saída do Egito: consomem-se ervas amargas e pão ázimo, servidos em louça — taças e pratos — reservada para a festa. E, principalmente, a casa deve ser purificada de todos os pecados do ano.

• O *Pentecostes*, ou *Shavuot* (= cinqüenta, porque é celebrada sete semanas mais um dia depois da Páscoa), lembra a entrega da Lei a Moisés no Sinai. Na época do Templo, os judeus iam a Jerusalém para fazer oferendas, pois também se tratava de uma festa das colheitas.

• A *Festa das Tendas*, ou *Sukot* (ou ainda Festa das Cabanas), dura oito dias e lembra a passagem do povo de Israel pelo deserto. Ocorre no outono. Na época do Templo, era a terceira festa de peregrinação a Jerusalém. Atualmente organiza-se uma procissão nas sinagogas e todos levam um buquê com quatro ramos. Em casa, erige-se uma cabana de folhagens, que lembra o ambiente precário do deserto; nela, passam-se alguns momentos durante o dia.

• O *Ano Novo*, ou *Rosh-ha-Shana*, é a lembrança da Criação. Essa festa é seguida de dez dias de penitência, terminando no dia do Grande Perdão, ou *Yom Kipur*, a festa mais observada do judaísmo. Todos devem reconciliar-se com Deus e com o próximo. Essa festa comemora o dia em que Moisés desceu do Sinai com as segundas Tábuas da Lei. Acontece no outono.

• A *Festa da Sorte*, ou *Purim*, comemora a ação de Ester, que salvou os judeus do extermínio na época persa. Atualmente, é a festa das crianças, que se fantasiam nesse dia.

• A *Dedicação ao Templo*, ou *Hanuka*, lembra a nova consagração do Templo depois da vitória de Judas Macabeu sobre Lísias, em 163 a.C. Ocorre em dezembro. Essa festa dura oito dias: a cada dia, acende-se uma das velas do candelabro de oito braços. (O candelabro habitual, a menorá, tem apenas sete braços.) Nessa ocasião, trocam-se presentes.

A devoção pessoal

Todo judeu praticante respeita os preceitos da Lei. Os meninos são circuncidados no oitavo dia depois do nascimento; o bar-mitsvá, por volta dos doze anos, é o rito de integração do jovem judeu na comunidade dos fiéis adultos, diante da qual ele lê e comenta um texto da Torá. O Shabat, dia de repouso e festa, pontua a semana, lembrando o sétimo dia da Criação, quando Deus descansou; começa na sexta-feira à noite, quando a dona da casa acende a vela da “lâmpada do shabat”, e termina no sábado à noite. O luto é ocasião de uma cerimônia na qual se recita a prece dos órfãos, o Kadish. O ensino da Lei e a prática do culto permitem ao povo judeu manter a sua unidade.

Evolução do pensamento judaico

Do Oriente Próximo ao Ocidente

A conquista árabe do século VII transformou o judaísmo. Durante três séculos, o judaísmo na Babilônia desempenhou importante papel junto aos califas de Bagdá e irradiou-se por todo o Oriente. Os judeus adotaram a nova língua veicular, o árabe, o que foi uma verdadeira revolução; o aramaico foi adotado, a partir de então, pelos especialistas da Bíblia. O Talmud se impôs na sinagoga. A situação deteriorou-se no século X, quando da conquista seldjukida.

Mais tarde, do século XI ao XIII, os reinos latinos instauraram a sua autoridade. Atrocidades, proibições e restrições levaram os judeus a deslocarem-se para o norte e o oeste.

A Idade Média

Na Espanha, onde muitos judeus se instalaram, o judaísmo passou por uma renovação intelectual e espiritual, favorecida pelos califas de Córdoba. Surgiram tendências místicas e escatológicas, que se impuseram com Judas *Halevi* (c.1085-1141); vinham impregnadas de uma reflexão sobre o sofrimento de Israel no exílio e sobre a esperança de um retorno à Jerusalém de Deus. Outro grande pensador, Moisés *Maimônides* (c.1135-1204), fez a síntese entre o judaísmo e a filosofia aristotélica. Seus escritos foram contestados pelo judaísmo ortodoxo. No século XIII, inicialmente na Espanha, nasceu a Cabala, doutrina esotérica e cosmológica, mas também busca mística de Deus.

O período moderno e contemporâneo

A mística judaica se desenvolveu também na Europa germânica, de onde ganhou a Europa central e oriental; dando origem a um movimento dinâmico: o hassidismo, cujo fundador foi Israel Baal Shem Tov (1700-1760). Enfatizava a ascese e a interiorização da Lei graças à humildade e à adoração, que permitiam viver com alegria. Essa doutrina foi ensinada pelo rabino de Lubavitch, na Bielo-Rússia, e permanece viva na comunidade judaica contemporânea, tanto na Europa quanto nos Estados Unidos e em Israel. Essa tendência do judaísmo é atravessada por correntes messiânicas que por vezes provocam uma certa efervescência.

Outra corrente também poderosa, inaugurada pelo filósofo Moisés Mendelssohn (1729-1786), pregava a inserção dos judeus nos Estados em que se instalaram, favorecida pelas legislações dos séculos XVIII e XIX. A integração às comunidades nacionais provocou um cisma entre os que preferiam continuar a viver nos guetos, a fim de preservar sua originalidade, e aqueles para quem podia haver separação entre religião e nacionalidade. No século XIX, uma nova ameaça pesou sobre os judeus: até então, os Estados cristãos demonstravam freqüentemente o seu antijudaísmo (a noção de liberdade religiosa é uma noção recente); o fato de que os judeus não se convertessem ao cristianismo era incompreensível. Com a laicização dos Estados, iria desenvolver-se o anti-semitismo. Este — que pode não ser religioso – começaria a sua devastação na Europa ocidental, e depois em toda a Europa, com conseqüências cada vez mais atrozes, que resultariam na Shoah*. Diante dessa situação nova, sob a inspiração de *Theodor Herzl*, nasceu o sionismo, isto é, o desejo do povo judeu dispersado de retornar a Sion (Jerusalém).

* Palavra hebraica que significa "holocausto". (N.T.)

2 O Cristianismo

O início do cristianismo

Por volta do ano 30 d.C., Jesus foi condenado a ser crucificado pelas autoridades judaicas do Templo de Jerusalém e pelo governador romano da província da Palestina. Os primeiros o acusavam de dizer-se "Filho de Deus"; o segundo, de perturbar a ordem pública. O que sabemos sobre esse personagem?

Vida e ensinamentos de Jesus

Os Evangelhos dizem pouca coisa sobre a vida que Jesus levou durante trinta anos em Nazaré com seus pais, José, o carpinteiro, e Maria. Somente dois Evangelhos narram fatos relativos ao seu nascimento, entre 6 a.C. e 3 a.C., em Belém. Em contrapartida, os quatro Evangelhos têm a preocupação de apresentar os três anos de sua vida pública. Jesus pregou principalmente no norte da Palestina, na Galiléia (em Cafarnaum) e em Jerusalém, para onde ia nas festas judaicas.

Sua pregação despertou interesse e provocou sua condenação. Interesse porque sua mensagem era simples, resgatando o essencial da religião judaica, o Deus do Sinai, tal como se manifestou ao longo da história dc Israel. Pregava a caridade, o amor para com todos, a humildade, a solidariedade. Queria romper os grilhões com os quais as autoridades judaicas pouco a pouco imobilizaram a religião judaica e estabelecer uma nova aliança espiritual, dinâmica, livre dos conformismos do judaísmo da época. Jesus apresentava-se como o "Messias", o enviado de Deus, cujo reino revelava, convidando todos os homens a mudarem de vida a fim de serem dignos de entrar nesse reino. Esse ensinamento contrariava o dos fariseus e dos saduceus, que só podiam rejeitá-lo. Entretanto, Jesus não queria suprimir a Lei, mas aperfeiçoá-la.

As autoridades judaicas consideravam Jesus um perigo para o judaísmo; assim, decidiram eliminá-lo. A condenação à morte foi obtida de Pôncio Pilatos, a quem Jesus fora apresentado como um perturbador da ordem pública. A crucificação era a pena reservada aos condenados que não fossem cidadãos romanos pelo poder de ocupação. Jesus não escapou a essa regra. Durante sua vida pública, escolheu doze companheiros, os *apóstolos*, os "enviados"; estes receberam o seu ensinamento e seriam suas testemunhas: iriam pregar, curar os doentes, expulsar os maus espíritos. Mais tarde, dariam testemunho, até o seu próprio martírio, da morte e da ressurreição de Jesus. Na véspera de sua morte, celebrando a Páscoa judaica com seus apóstolos, Jesus instituiu a *eucaristia*, "ação de graças": "Isto é o meu corpo, isto é o meu sangue ... fazei isso em minha memória." Estas palavras, que renovavam a aliança do Sinai, davam aos apóstolos a garantia da presença definitiva do Deus de Israel junto aos homens, presença daquele que Jesus chamava de "meu Pai". Essa comunhão do pão e do vinho por ocasião de uma celebração era, para os cristãos, o sinal da aliança nova e a promessa de salvação por Jesus. As autoridades judaicas recusaram-se a reconhecer nele o messias, o ungido do Senhor. Muitos esperavam um messias-rei, que restabeleceria a grandeza de Israel como no tempo de Davi e Salomão. Para um judeu, Jesus blasfemava quando se dizia Filho de Deus.

Três dias depois de sua morte, no "primeiro dia da semana" (Lucas 24,1), amigos de Jesus, Maria Madalena e os apóstolos, encontraram o túmulo vazio, e Jesus lhes apareceu. Prometeu-lhes o Espírito de Deus, o sopro poderoso que animou os profetas, para confortá-los na missão que lhes confiara: difundir a nova aliança; ser testemunhas da sua morte e de sua ressurreição; anunciar a salvação e a vida eterna a todos os homens; revelar-lhes a presença, no centro da história humana, de um Deus fiel e amoroso.

Origens e primórdios da Igreja

- *Em Jerusalém.* O advento do Espírito Santo sobre os apóstolos no dia do Pentecostes judaico, isto é, 50 dias depois da Páscoa, marcou o início da Igreja. Com efeito, até então os apóstolos temiam os judeus. Jesus os deixara, subindo aos céus, e eles esperavam, em oração, ser confirmados em sua missão, como o mestre lhes prometera. O Pentecostes judaico se tornou a festa de uma aliança renovada, pois os apóstolos, em uma teofania semelhante à do Sinai, foram tomados pelo Espírito de Deus, o Espírito Santo, a "Força do Alto", passando, a partir de então, a pregar o que Jesus fizera e o que lhes ensinara. Dirigiram-se primeiramente aos judeus, vindos de toda a parte, reunidos em Jerusalém para a festa, e primeiros destinatários dessa nova aliança, considerada como a consolidação da antiga. Esses primeiros cristãos eram todos judeus, praticavam a Lei e acrescentaram a essas observâncias ritos cristãos inéditos: o batismo e a "repartição do pão".

• *Em Antióquia e mais além.* Mas logo as autoridades do Templo e a intransigência de alguns judeus provocaram as primeiras perseguições contra os cristãos. Obrigados a deixar Jerusalém, ganharam toda a Palestina e a Síria. Antióquia tornou-se o centro da cristandade: Pedro, Paulo (convertido, após ter, como bom fariseu, perseguido os cristãos), Mateus, Lucas, Marcos e todos os seus companheiros, Barnabé, Tito, Timóteo e Silas, entre outros, passariam por essa cidade. Dali partiam todas as missões, para o leste (para a Síria e até a região do Tigre e do Eufrates), para o norte (para a Ásia Menor, até o Ponto e para a Armênia), e para o oeste (para a Grécia, para a Itália). A Igreja, ou *ecclesia* ("comunidade", "os que são chamados"), abriu-se para todos: judeus, samaritanos e pagãos. O primeiro concílio de Jerusalém decidiu, depois que o apóstolo Pedro batizou a primeira família pagã em Cesaréia, do centurião Cornélio, não impor as prescrições da lei judaica aos novos cristãos oriundos do paganismo, especialmente a circuncisão — decisão capital, que abriu o mundo inteiro para os ensinamentos de Jesus. Jerusalém conservaria uma comunidade judaico-cristã, dirigida por Tiago, parente de Jesus. Essa comunidade deixaria a cidade em 66 d.C., no início da revolta judaica, para refugiar-se na região de Pela e em Antióquia.

Os judeus praticantes não perdoavam aos cristãos o fato de batizarem os pagãos sem primeiro torná-los judeus, através da circuncisão. Decidiram excluir os cristãos da Sinagoga, entre os anos 90 e 100, o que geraria repetidos incidentes, tornando a religião cristã proscrita no Império Romano. As primeiras comunidades cristãs se desenvolveriam em torno da bacia do Mediterrâneo durante o período apostólico, isto é, até a morte dos companheiros de Jesus. Éfeso, Filipos, Tessalônica, Corinto, Roma e Alexandria foram os primeiros grandes centros do cristianismo, reconhecidos como núcleos apostólicos, pois foram fundados pelos apóstolos. Pedro foi martirizado em Roma em 65, depois do incêndio da cidade sob Nero; Paulo em 66, também em Roma; João morreu talvez em Éfeso, por volta do ano 100. Marcos teria se instalado em Alexandria depois da morte de Pedro.

Os escritos do Novo Testamento

Os quatro Evangelhos, os Atos dos Apóstolos, 21 cartas e um texto apocalíptico formam o Novo Testamento.

- *Os Evangelhos e os Atos.* Os três primeiros Evangelhos são chamados *sinóticos*, pois relatam os acontecimentos da vida de Jesus e sua pregação de modo idêntico, sendo assim comparáveis. O Evangelho de Mateus é o mais longo e dirige-se a comunidades oriundas do judaísmo, citando abundantemente o Antigo Testamento e mostrando que a vinda de Jesus respondia à expectativa dos profetas. O Evangelho de Marcos é o mais curto; seu autor recolheu a herança de Pedro, de quem foi auxiliar em Roma até o seu martírio. Lucas, médico grego convertido ao cristianismo, escreveu como historiador, preocupado com a informação e a exatidão. Dirigia-se a todas as comunidades gregas. Foi companheiro de Paulo e, além do Evangelho, escreveu os Atos dos Apóstolos, que relatam a expansão da Igreja de Jerusalém até Roma. O Evangelho de João, iniciado na Palestina e concluído na Ásia, testemunha a efervescência do cristianismo nascente e é sobretudo uma reflexão sobre a vida e os ensinamentos de Jesus.

Os quatro Evangelhos e os Atos provavelmente foram concluídos por volta do ano 70. Na verdade, nenhum desses textos fala com precisão da ruína do Templo de Jerusalém, um acontecimento capital que os autores cristãos poderiam ter utilizado para fortalecer sua pregação.

• *As Epístolas.* A esses textos, somam-se as 21 cartas, mais ou menos longas, enviadas pelos apóstolos às novas comunidades cristãs para estimular a sua fé e lembrar-lhes seus deveres. Quatorze delas, atribuídas a Paulo, são destinadas aos tessalonicenses, aos coríntios, aos romanos, aos efésios, aos filipenses, aos colossenses, aos hebreus, a dois companheiros que Paulo instituíra à frente de comunidades fundadas por ele, Timóteo e Tito, e, por fim, ao seu amigo Filêmon. Duas cartas de Pedro, três de João, uma de Tiago e uma de Judas completam esse conjunto. A primeira carta aos tessalonicenses, do ano 51, é o mais antigo texto cristão que chegou até nós. A primeira carta de Pedro, escrita antes de 65, e a segunda carta de Paulo a Timóteo, antes de 66, são os testamentos dos seus respectivos autores.

• *O Apocalipse.* O Novo Testamento termina com o Apocalipse, de autoria de João, dedicado às sete Igrejas da Ásia atingidas pela perseguição romana para encorajá-las.

• *Os primeiros livros.* Rapidamente todos esses textos, lidos nas comunidades (Col 4, 16), se constituíram em livros, antes de sua reunião definitiva no século II. Os primeiros manuscritos do texto dos Evangelhos datam desse século; o conjunto do Novo Testamento foi preservado em uma dezena de manuscritos datando do século IV, o que é excepcional, pois os textos clássicos distam de seu autor mais de 500 anos. Em 1740, o erudito *Muratori* descobriu em Roma um manuscrito que reproduzia um *cânon* com a lista dos textos do Novo Testamento em uso no século II, pela comunidade romana; quase todo o Novo Testamento é mencionado. As comunidades cristãs, herdeiras de Jesus, também conservaram o Antigo Testamento. O Novo Testamento foi escrito em grego, língua veicular de todo o Império Romano.

• *As traduções.* A partir do século II, o latim progrediu no Ocidente; na África o grego era pouco conhecido; a necessidade de traduzir os textos bíblicos se manifestava. As primeiras traduções foram parciais e literais. No século IV, Jerônimo fez uma revisão geral de todas essas traduções, do Antigo e do Novo Testamento. Esse trabalho gigantesco deu origem à tradução latina que seria chamada *Vulgata*, isto é, "para todo o povo". Essa tradução latina ficaria longo tempo em uso — até o século XX — na liturgia da Igreja católica. À medida que o cristianismo foi se difundindo, os textos do Antigo e do Novo Testamento foram sendo traduzidos para o siríaco, o armênio, o copta etc. Essas traduções estão em uso em comunidades que, mesmo adotando a fé cristã, souberam conservar espírito próprio nas expressões litúrgica, teológica e poética: tesouros mal conhecidos e muitas vezes inexplorados, que os cristãos do século XX ainda não acabaram de descobrir. Os gregos *Cirilo* e *Método* traduziram o Novo Testamento para o eslavônio, no século IX; a tradição lhes atribui a invenção da escrita *cirílica*, ainda em uso nos países eslavos. Atualmente, a Bíblia está traduzida em todas as línguas conhecidas e continua sendo a obra mais vendida no mundo.

A evolução até Constantino

A organização

Do século II ao século IV, o cristianismo se estendeu a todas as cidades das costas mediterrâneas e penetrou o interior dos continentes, seguindo as vias de comunicação. Implantou-se fortemente no Oriente e no Ocidente: os grandes centros cristãos do século I, tornando-se focos de irradiação, foram modelos para a organização das comunidades e para a celebração litúrgica nas novas Igrejas que eles fundaram. À frente de cada Igreja, o *bispo* (o "vigilante") é ao mesmo tempo o *pastor*, aquele que conduz a comunidade, e o *doutor*, aquele que a instrui. É auxiliado pelos *diáconos* (os "servidores") e os *presbíteros* (os "antigos"). Os bispos são responsáveis por suas comunidades e assumem, em comunhão com o bispo de Roma, o *papa* (nome dado inicialmente a todos os bispos e que, a partir do século IV, foi atribuído apenas ao bispo de

Roma), a responsabilidade pela "grande Igreja", o conjunto da cristandade. A Igreja de Roma é a referência para todas as outras, pois ela deve sua fundação ao primeiro dos apóstolos, Pedro.

As perseguições

Essa Igreja estava ameaçada pelo mundo pagão que a cercava. Mal compreendida, ainda assim quase sempre era tolerada. As perseguições eram esporádicas, principalmente na Ásia, durante os dois primeiros séculos. A carta de *Plínio, o Jovem*, e a resposta do imperador *Trajano* mostram os limites dessa reação hostil e também a precariedade da situação dos cristãos. Prestar culto ao imperador, algo que um cristão não podia fazer, era considerado um gesto de civismo em Roma. Uma recusa representava uma ameaça para o equilíbrio religioso; ao não participarem desses cultos, os cristãos, *monoteístas*, rompiam o contrato tácito que ligava os deuses e o império e manifestavam sua falta de patriotismo.

Em meados do século III, a posição imperial evoluiu, por causa da crise que assolava o império. Em 249, por ordem do imperador *Décio*, os cristãos foram breve mas violentamente perseguidos. Isso se tornaria sistemático: novas perseguições ocorreram em 252 e 258-259, a mando dos imperadores *Galiano* e *Valeriano*, respectivamente. Essas ações se faziam principalmente contra os bispos e os cristãos de alta posição, a fim de privar a Igreja de seus dirigentes. A última perseguição geral foi ordenada em 303 por *Diocleciano*. Se esta teve pouco impacto no Ocidente (e não teria mais nenhum, a partir de 305), foi muito viva no Oriente. Em 313, o *Edito de Milão* concedia a liberdade religiosa e punha fim à era das perseguições gerais. Houve ainda uma perseguição limitada ao Oriente, de 316 a 324, até que o imperador *Constantino* reunisse o conjunto do império sob a sua autoridade.

Quantos cristãos foram martirizados? Mais do que o seu número, a crueldade das penas era impressionante. Apenas por se dizerem cristãs, essas pessoas eram, na melhor hipótese, condenadas a trabalhos forçados nas minas; na pior, espancadas até a morte, queimadas vivas como foi Policarpo, um ancião, em Esmirna, ou crucificadas — como Pedro e seu irmão André — e até recobertas de breu para serem transformadas em tochas vivas — como aconteceu nos jardins de Nero —, ou ainda entregues aos jogos do circo, como os mártires de Lyon.

Apesar dessas ameaças, o cristianismo se estendeu pouco a pouco a todas as camadas sociais e até aos círculos próximos do imperador, a partir do fim do século I. Bispos oriundos das classes sociais abastadas apareceram desde o século II e se multiplicaram. Mais do que estimular a construção de monumentos prestigiosos nas cidades, esses cristãos queriam apoiar os mais pobres: na época de crise que foi o século III, essa iniciativa foi apreciada.

Vida interna da Igreja

• *Os sacramentos.* O nível cultural logo se elevou na Igreja. Os bispos originários dos meios letrados eram cada vez mais numerosos e os primeiros doutores da Igreja rivalizavam com as escolas filosóficas pagãs: Inácio de Antióquia; Justino, primeiro filósofo cristão conhecido; Tertuliano e Cipriano, de Cartago, modelos de pensamento cristão; Irineu de Lyon, que esboçou uma primeira síntese do ensinamento cristão e denunciou a utilização tendenciosa das Escrituras pelos heréticos; a célebre escola de Alexandria, com Clemente, e depois Orígenes, freqüentada até por pagãos. Muito antes de ser reconhecido oficialmente pelo império, o cristianismo se impôs por seu pensamento e sua cultura. Os *catecúmenos* ("aqueles que escutam") que pediam para se tornar cristãos eram cuidadosamente preparados, durante um ou dois anos, antes de receberem o *batismo*. Este se fazia por imersão, na véspera da Páscoa ou de Pentecostes, depois da profissão de fé. Era conferido pelo bispo, que, depois da imersão, impunha as mãos sobre o *neófito* (aquele que acabava de ser batizado). A partir de então, este podia participar da celebração eucarística, que reunia todos os domingos o conjunto da comunidade cristã local.

• *A disciplina*. Durante os primeiros séculos, a moral era bastante rígida. Algumas profissões, especialmente as relacionadas com o culto aos ídolos, eram proibidas aos cristãos; o adultério era punido pela exclusão, e outras faltas morais acarretavam penitências longas e severas. Todo cristão devia jejuar dois a três dias por semana, viver na fé e no temor a Deus, praticar a caridade para com os irmãos; devia rezar regularmente em casa e participar da eucaristia nos dias de festa e no domingo, que era a comemoração da ressurreição do Cristo. O cristão acredita na ressurreição dos mortos, no juízo final e na vida eterna. Sua vida terrestre é apenas uma passagem para uma vida futura, junto ao Deus único, Deus de amor, que é Pai, Filho e Espírito Santo.

Essa organização e essa vida austera permitiam aos cristãos suportarem as perseguições e suscitavam, em alguns pagãos, respeito e admiração.

O Império cristão

A ascenção de Constantino assinalou um momento importante para a Igreja, mas a liberdade religiosa concedida pelo Edito de Milão não deixou de ter sua contrapartida. Até essa data, todas as crises internas da Igreja eram superadas pelo consenso entre os bispos, que se referiam ao bispo de Roma. Fazendo da religião cristã a religião do imperador, Constantino, segundo a tradição imperial, pretenderia também ser o chefe dessa religião, que praticava a partir de então. Era o início de uma crise muito longa. A sempre renovada tentação do poder temporal de dirigir os assuntos eclesiásticos provocava tensões, desvios, comportamentos contrários aos ensinamentos cristãos. Somente no século XX os cristãos conseguiram enfim emancipar-se das pressões políticas.

• *O calendário cristão.* Todavia, a partir de Constantino, a sociedade se cristianizou: os costumes cristãos influenciavam as leis profanas; o calendário cristão se inscreveu no calendário romano. As festas pagãs caíram em desuso e os acontecimentos da vida de Jesus se transformaram em festas oficiais: Natal, nascimento de Jesus; Páscoa, sua morte e ressurreição (essa festa era precedida de seis semanas de jejum, durante as quais as pessoas se alimentavam de modo frugal, sem consumir carne); Ascensão, 40 dias após a Páscoa, celebrando a subida de Jesus ao céu; e Pentecostes, 50 dias depois da Páscoa, o advento do Espírito Santo. Os cristãos veneram seus mártires, cujo exemplo fortifica sua fé. O domingo tornou-se dia de descanso.

A vida cristã se difundiu por todo o Império. Marcaria profundamente as sociedades e forjaria o mundo, até o século XX.

Unidade e rupturas do cristianismo

Fatores de unidade

Superando todas as crises que abalaram o cristianismo através dos tempos, a unidade cristã reside em sua profissão de fé e em seus textos — as Sagradas Escrituras e as obras dos pensadores dos primeiros séculos — que impregnam as sociedades com sua moral e sua visão do homem. A Igreja sempre conseguiu regenerar-se através de seus concílios, graças aos seus doutores, suas testemunhas e suas ordens religiosas, e realizar uma volta às fontes por ocasião dessas crises.

A unidade da fé

Para evitar os desvios que poderiam nascer no enunciado do dogma cristão, a Igreja sempre se preocupou em definir melhor os termos da fé cristã. Para isso, os *concílios*, assembléias eclesiais dos bispos para uma província ou para toda a Igreja, tinham a missão de estudar as questões doutrinárias ou disciplinares à luz das Sagradas Escrituras e da Tradição. Os grandes concílios ecumênicos — isto é, para toda a Igreja — da Antigüidade e da Idade Média foram convocados pelo imperador de Constantinopla. Os grandes concílios do Ocidente cristão, da Idade Média aos nossos dias, o foram pelo papa.

• *O Credo.* Nos primeiros séculos, as questões tratadas se referiam essencialmente à definição da fé trinitária e à cristologia, para lutar contra as heresias. O concílio de Nicéia, em 325, propôs uma proclamação de fé comum para todos os cristãos, o Credo ("eu creio"). O de Constantinopla, em 381, diante da crise ariana, reafirmou a ortodoxia niceana e precisou a divindade do Espírito Santo. O símbolo de fé de Nicéia foi explicitado. Esses dois concílios fixaram a fé dita ortodoxa, isto é, de acordo com a doutrina tradicional, no conjunto da cristandade. Essa unidade seria preservada até o século V, a partir de quando interpretações diferentes de certos pontos do dogma provocariam cisões. Estas teriam como objetos principais as más traduções dos textos conciliares e questões de disciplina resultantes de desacordos com o imperador, mais do que a própria fé.

• *A fé trinitária.* Todos os cristãos professam a mesma fé em um Deus em três pessoas: Pai, Filho e Espírito Santo. Todos crêem que Jesus, Filho de Deus, se fez homem, nasceu da Virgem Maria, morreu pela salvação de todos os homens, ressuscitou ao terceiro dia e voltou para junto de seu Pai, e que o Espírito Santo, que desce sobre o cristão no momento do batismo, continua a operar no mundo até o juízo final e a ressurreição de todos. Essa fé comum repousa sobre a

Sagrada Escritura, o Antigo e o Novo Testamentos. Essa fé é *católica*, isto é, universal, e *ortodoxa*, isto é, segundo a exata doutrina.

A influência dos Pais da Igreja

Quanto mais a Igreja se desenvolvia, multiplicavam-se seus pensadores. Formados nas mesmas escolas que os pagãos, possuíam ainda o conhecimento da Bíblia; dariam uma cultura cristã à sociedade, favorecendo uma reflexão filosófica específica e lançando as bases da liturgia e de uma arte poética original. Sua obra, que foi determinante, é ainda em nossos dias uma referência maior. Esses escritores cristãos dos primeiros séculos são chamados Pais da Igreja. Aliás, freqüentemente eram bispos, responsáveis — pais — por uma comunidade.

• *Os primeiros textos.* Os primeiros Pais apostólicos, aqueles que conheceram os apóstolos (como Clemente de Roma, Inácio de Antióquia...), preocupavam-se principalmente com as novas comunidades, as quais era preciso estruturar e consolidar na fé, diante do mundo judaico e pagão. A mesma preocupação aparece num texto anônimo, pequeno tratado e compilação do século I, conhecido sob o nome de *Didaqué* ou *Doutrina dos apóstolos.*

Seus sucessores, os Pais pós-apostólicos do século II, tiveram que enfrentar as heresias e responderam a elas com a refutação. A mais célebre é a, já citada, de Irineu de Lyon. Originário de Esmirna (Ásia Menor), onde foi discípulo de Policarpo, bispo de Lyon em 177, depois do martírio do bispo

Pothin, Irineu conhecia bem a efervescência intelectual da Ásia e respondeu a isso no seu *Adversus haereses* ("Contra os hereges").

- *A idade de ouro.* A idade de ouro da patrística teve início no século III, com algumas grandes figuras, e atingiu o seu apogeu no século IV. No Oriente, a escola de Alexandria foi um centro formador de grandes mestres: Clemente de Alexandria recorreu à filosofia para explicar o cristianismo, como também faria Orígenes (c.185-252), o autor mais fecundo e mais original da Antigüidade. Para explicar as Escrituras, esse grande místico utilizava sistematicamente o método alegórico de Fílon. A *História eclesiástica*, de Eusébio de Cesaréia (265-340), é preciosa para o estudo dos primeiros séculos cristãos.

No século IV, em meio a lutas teológicas acirradas, os Pais capadócios favoreceram a pacificação na Igreja, graças à sua cultura e ao poder da sua reflexão teológica. Trata-se de Basílio, um dos grandes fundadores do monaquismo, de Gregório de Nazianzo (bispo de Constantinopla que presidiu o famoso concílio de 381) e de Gregório de Nissa, um grande místico. A obra desses três Pais é rica, variada e capital para a evolução do pensamento cristão.

- *O pensamento latino.* No Ocidente, Tertuliano foi o fundador da teologia latina. Originário de Cartago, convertido em 195, foi jurista e deixou uma obra marcada por seu espírito combativo: tratados de moral, apologias e controvérsias. Cipriano, convertido em 245, também de Cartago — onde foi bispo de 249 a 258 —, enfrentou as grandes perseguições de Décio e Valeriano; sofreu ele próprio o martírio. Seus escritos, principalmente sua correspondência, mostram preocupação com a unidade da Igreja em torno dos bispos, sucessores dos apóstolos, e do papa, sucessor de Pedro. Jerônimo e Ambrósio de Milão foram também figuras importantes. Jerônimo traduziu a Sagrada Escritura para o latim; Ambrósio introduziu o canto litúrgico nas assembléias e fez-se defensor da primazia romana, tendo ainda que lutar contra o arianismo — heresia que negava a dupla natureza do Cristo, divina e humana — que o imperador desejava impor. Defendeu a independência da Igreja diante do poder imperial. Os papas tentariam manter essa linha, sem ter os meios de a impor a um poder temporal cada vez mais absoluto.

• *Agostinho.* Por fim, os escritos de Agostinho exerceriam uma influência poderosa sobre o pensamento cristão do Ocidente. Originário de Cartago, Agostinho recebeu uma educação de retórico. Convertido ao cristianismo, foi batizado por Ambrósio de Milão em 387. Foi chamado ao sacerdócio em Hipona, na África, de onde se tornaria bispo em 395. Sua luta contra os desvios doutrinários do seu tempo se expressou em muitos textos polêmicos. Mas Agostinho foi sobretudo um pastor que agia e escrevia para consolidar a fé cristã. Seus *Sermões* (mais de 400 foram conservados) forjariam o pensamento medieval; suas *Confissões*, em que descreveu os seus tormentos espirituais, continuam sendo um livro de reflexão acessível a todo homem preocupado com seu destino; *A Cidade de Deus* é um monumento literário marcado por suas opiniões penetrantes sobre as duas "cidades": através da evolução política do mundo, mostra a obra de Deus, que se realiza visando a cidade celeste. Todavia Agostinho foi principalmente o doutor da graça, ouvido por todos os espiritualistas, de Martinho Lutero aos "senhores" de Port-Royal no século XVII, passando por Jansênio (1585-1638) e muitos outros. "Tu nos fizeste para Ti e nosso coração ficará inquieto enquanto não repousar em Ti." Essa frase das *Confissões* indica a resposta do homem ao apelo para o infinito que Deus lhe dirige.

- *Os papas.* Houve também grandes pensadores entre os papas. Leão I, o Grande (440-461), defendeu a primazia do papa, isto é, seu papel de chefe da Igreja. Gregório, o Grande (540-604), foi o organizador da Igreja medieval. Eles marcaram o papado de maneira decisiva.

O direito canônico

A partir do século IV, as cartas pontificais, respostas dos papas às perguntas de ordem geral, se multiplicaram; tais "decretais" se acrescentaram aos cânones (decisões) dos concílios. Esse conjunto foi reunido a partir do século VI e formou a base do direito da Igreja, ou direito canônico. Os primeiros textos se enriqueceram pouco a pouco, graças aos sínodos das Igrejas locais, sob as monarquias bárbaras e, depois, carolíngias. Todas essas obras foram reunidas no século XII — por volta de 1140 — numa obra magistral, o *Decreto* de Graciano. Herdeiro longínquo desses trabalhos e daqueles dos juristas através dos séculos, o *Código de direito canônico* foi publicado em 1917. Seria renovado, corrigido e atualizado em 1983. É a atual referência jurídica da Igreja católica.

O monaquismo

O monaquismo foi determinante para os cristãos: forjou a sua espiritualidade através dos séculos e é, ainda hoje, uma fonte de renovação.

• No monaquismo *eremítico* (literalmente "do deserto"), o monge procurava a solidão. Da paz da Igreja nasciam o desejo de consagrar mais a vida a Deus, fora das paixões da existência, e a vontade de dar testemunho da fé num momento em que não havia mais mártires. O monaquismo eremítico nasceu no Egito por iniciativa de Antão (251-356), mentor da vida anacorética. Sua biografia foi traçada por Atanásio, bispo de Alexandria. O pensamento dos "mestres do deserto" foi reunido em antologias anônimas de aforismos. A espiritualidade dos monges residia principalmente na prática da ascese pelo jejum (no máximo uma refeição por dia, ou até menos), na prece durante várias horas, de dia e à noite, e no trabalho. O anacoreta adquiria, assim, o controle de si e a paz espiritual que o conduziam à contemplação.

A doutrina desses monges espalhou-se do Egito ao Sinai, à Palestina, à Síria e à Ásia Menor, e é a norma de toda forma de vida ascética.

• O monaquismo *cenobítico*, isto é, vivido em comum, também nasceu no Egito, fundado por Pacômio (286-346). Este organizou a vida comum em torno de uma regra e sob a autoridade de um superior. A regra de Pacômio, escrita em copta, seria traduzida por Jerônimo e serviria de modelo para todo o monaquismo, tanto oriental quanto ocidental. A vida do monge, e logo a das monjas, era marcada por uma rotina fixa regular, distribuída entre a prece, o trabalho, o estudo dos livros sacros e a liturgia. Era uma vida em comunidade, frugal, ritmada pelos períodos de jejum ligados ao calendário cristão (dois ou três dias por semana, na quaresma e no advento). Essas formas de vida espiritual tiveram grande sucesso no Oriente e no Ocidente.

No Oriente, a organização dos monastérios era flexível e diversificada. Os monges viviam como eremitas, em comunidades ou em *lauras*, verdadeiras aglomerações monásticas, designadas pelos termos "mosteiro" e "monastério" (do grego *monos*, sozinho). Os mais importantes hoje são o do Monte Atos e o dos Meteoros, na Grécia, e o de Zagorsk, na Rússia. Inúmeros pequenos mosteiros surgiram por todo o Oriente, oriundos, em geral, da veneração por um mestre espiritual. Os patriarcas orientais foram muitas vezes escolhidos entre os monges, e a difusão espiritual e cultural do monaquismo marcou a ortodoxia. Efetivamente, os mosteiros atraíram muitos peregrinos, sobre os quais exerciam grande influência. O monge era considerado intermediário entre o homem pecador e o Deus todo-poderoso e misericordioso.

Quando da querela das Imagens (726-843), os monges foram os mais ardorosos defensores do culto dos ícones ("imagem", em grego). Estes, como as relíquias, eram parte integrante da liturgia, e sua confecção mantinha o mosteiro. O restabelecimento do culto dos ícones, em 843, foi uma vitória para os monges. O monaquismo contemporâneo é ainda hoje um elemento vital na ortodoxia.

No Ocidente, o monaquismo foi implantado no século IV, em Ligugé, graças a Martin de Tours (316-397). Desenvolveu-se em Saint-Victor de Marseille, no século V, e nas ilhas de Lérins, onde Cesário de Arles, discípulo de Agostinho, adotou a regra monástica de seu mestre. Essa regra de são Cesário foi seguida por muitos mosteiros até o século VII, principalmente nas fundações criadas pelo irlandês Colomban.

• *Bento de Núrsia.* No século VI, na Itália, um advogado romano, Bento de Núrsia, retirou-se para o Monte Cassino com alguns amigos. A regra que escreveu, simples e muito humana, seria adotada pela maioria dos mosteiros ocidentais a partir do século IX: trata-se da *regra beneditina.* A ordem beneditina teve um papel importante na evolução da liturgia e no estudo dos textos sagrados.

Essas duas correntes, agostiniana e beneditina, continuam sendo o fundamento da prática monástica atual, e as ordens contemplativas têm nelas as suas fontes. Os carmelitas se inspiraram na regra de santo Agostinho; os cistercienses, os cartuxos e os trapistas, na de Bento.

• *As grandes ordens modernas.* Ao longo dos séculos, a Igreja viu surgirem fortes personalidades, as quais tentaram responder às necessidades de sua época e conquistaram discípulos. Assim, Francisco de Assis (1181-1226) e Domingos (1170-1221) fundaram duas ordens mendicantes e pregadoras: a dos franciscanos e a dos dominicanos, respectivamente. Inácio de Loiola (c.1491-1556) criou a ordem dos *jesuítas*; Francisco de Sales (1567-1622), a da *Visitação*; João Batista de La Salle (1651-1719), o *Instituto dos Irmãos das Escolas Cristãs*; João Bosco (1815-1888), os *salesianos.* Estas ordens eram dedicadas essencialmente à educação. Charles Lavigerie (1825-1892) fundou a *Sociedade dos Padres Brancos* e Charles de Foucault (1858-1916) inspirou os *Pequenos Irmãos e as Pequenas Irmãs de Jesus.*

Hoje surgem novas formas de oração e de ação: os Irmãos de Taizé, primeira comunidade protestante de caráter ecumênico, lançaram um vasto movimento de prece e fraternidade para os jovens; outros se voltaram para o apostolado no mundo, como as religiosas dirigidas por Madre Teresa de Calcutá.

A diversidade das famílias religiosas é uma imensa riqueza para os cristãos.

As rupturas: divergências e crises

Embora a cristandade preservasse a unidade da fé e a da Escritura, afastamentos e rupturas se produziriam em seu seio, em virtude dos acontecimentos históricos e da evolução das mentalidades.

O afastamento progressivo entre Oriente e Ocidente

Aumentava progressivamente a distância entre o Oriente e o Ocidente. Entretanto, nunca houve ruptura total e definitiva, pois a ortodoxia sempre manteve relações com o Ocidente. Mas as fontes de incompreensão não faltariam.

A primeira dificuldade, e talvez a mais importante, foi a língua. Até o século III, o conjunto da bacia mediterrânea conhecia o grego. Com o progresso do latim no Ocidente, o recuo do grego se acentuou. Agostinho já não sabia mais essa língua corretamente no início do século V, ao passo que Ambrósio e Jerônimo ainda a praticavam perfeitamente em meados do século precedente. Ao fundar sua nova capital, o imperador Constantino queria fazer dela uma nova Roma, com uma administração que utilizasse o latim. Foi um fracasso: o Oriente não se deixava latinizar. A separação entre as duas partes do império era inevitável.

A partir do concílio de Nicéia (325), as discussões tornaram-se constantes. Os concílios de Éfeso (431), Calcedônia (451) e Constantinopla (553) foram ocasiões de confronto. As discussões sobre as fórmulas dogmáticas e a primazia da sede de Roma, que Constantinopla queria compartilhar, provocaram crises. Estas nasciam, em geral, de incompreensões devidas às mentalidades e aos obstáculos lingüísticos.

A política do imperador Justiniano (482-565) só fez agravar essas divisões. Nas províncias ocidentais reconquistadas aos bárbaros, ele impôs o fisco e a administração detalhista do Oriente, o que provocou, no Ocidente, uma rejeição ao poder imperial. As populações freqüentemente preferiam tratar com os bárbaros do que se sujeitarem à lei de Constantinopla. Isso também aconteceria, pouco depois, no sul do império, quando da invasão árabe. A partir do século VI, o Ocidente iria evoluir de modo próprio, em novo quadro político. Entretanto, apesar dessa separação, persistiam laços entre o patriarca de Constantinopla, chefe da Igreja do Oriente, e o papa de Roma.

• *O grande cisma.* O cisma de 1054 foi apenas um episódio nessa longa tensão. Em decorrência de uma recusa de reconhecimento mútuo entre os legados do papa e o patriarca Miguel Cerulário — recusa que provocou uma excomunhão mútua —, cada uma das duas Igrejas evoluiria separadamente, com concílios independentes (exceto duas vezes: no concílio de Lyon, em 1274, e no de Florença, em 1439, bispos do Oriente e do Ocidente se encontrariam; essa tentativa de reconciliação seria em vão, pois o Império do Oriente desapareceria, conquistado pelos otomanos).

• *As querelas entre Oriente e Ocidente.* Todavia, os contatos prosseguiram depois do cisma. Os imperadores *bizantinos* solicitaram a ajuda do Ocidente para lutar contra a progressão do islamismo. O apelo às cruzadas, lançado pelo papa Urbano II, no concílio de Clermont, em 1095, foi motivado, em parte, por essas solicitações reiteradas. As primeiras cruzadas foram organizadas com a ajuda dos bizantinos. Mas a política de Bizâncio seria feita de concessões, favorecendo ora os ocidentais, ora os muçulmanos. O desvio, em favor de Veneza, da quarta cruzada — que resultou no saque de Constantinopla em 1204 e na instalação de um efêmero Império Latino — foi apenas um episódio nessa situação confusa. Entretanto, diante da ameaça do islamismo, fortaleceu-se a esperança de um retorno à unidade entre o Império do Oriente, reconstituído mas enfraquecido, e o Ocidente, em pleno desenvolvimento. Porém a capital do Oriente caiu nas mãos dos otomanos em 1453. Era o fim da Igreja bizantina como tal; iria dividir-se em igrejas nacionais, divisões que um certo número de regiões já tinha adotado, desde o século V.

As rupturas no Oriente: Igrejas do Oriente

O concílio de Calcedônia não só afastou Constantinopla de Roma, mas também dividiu os bispados do Oriente. Populações inteiras do império se declararam *monofisistas*, isto é, reconheciam apenas uma única natureza do Cristo, e não duas (humana e divina), como queria a doutrina ortodoxa. Eram os coptas do Egito e os etiópios, os jacobitas da Síria e os armênios. Na verdade, a separação não era apenas doutrinária, pois os pontos em litígio residiam mais em traduções ou vocabulário inadequados do que no dogma; uma reflexão serena talvez tivesse conseguido reduzir as diferenças. Incontestavelmente, a atitude autoritária dos patriarcas de Constantinopla, apoiados pelo imperador ou seus amigos, estava na origem das rupturas. Ao invés de respeitar as decisões locais, o patriarca nomeou bispos indesejáveis para garantir o seu controle sobre essas comunidades. Essas Igrejas, oriundas da Igreja bizantina, comporiam o que se chama hoje de *Igrejas do Oriente*, que conservariam seus ritos próprios e sua língua de origem. Algumas delas se aproximariam da Igreja romana já em 1182, na época das cruzadas; outras, as *uniatas*, no século XVI, quando dos acordos de Brest; mesmo conservando a sua originalidade, elas reconheciam a primazia de Roma.

As Igrejas do Oriente eram portanto muito diversas. De grande dinamismo, estendiam a sua influência até a Índia. A elas se deveu a tradução para o árabe dos textos gregos e siríacos, profanos e religiosos; tais traduções permitiriam ao islamismo assimilar a cultura grega. Essas Igrejas sofreriam extremamente com a expansão árabe e otomana e só com muita dificuldade sobreviveriam através dos séculos. Fechadas em si mesmas, preservariam sua especificidade, mas não escapariam a uma verdadeira fragmentação. Hoje, há um desejo de aproximação entre as diferentes Igrejas a fim de evitar o desaparecimento dos cristãos de certas regiões do Oriente Próximo e Médio, berço do cristianismo.

A ortodoxia dividida

Justiniano definiu a ortodoxia (do grego *orthos*, "direito", e *doxa*, "opinião") como uma sinfonia baseada no imperador e no patriarca, que dirigem juntos, nos caminhos de Deus, a *oikumenê*, isto é, o mundo habitado, sobre o qual o imperador reivindicava a soberania.

Até a queda do Império Bizantino, a sociedade tinha a consciência de ser uma nação cristã, e os acontecimentos políticos tinham caráter religioso. Os reis francos também reconheciam a longínqua autoridade do imperador, e o mesmo fazia a autoridade pontifical.

Em geral, na ortodoxia não havia separação entre o profano e o religioso; o imperador convocava os concílios, nomeava os patriarcas; o patriarca tinha autoridade sobre os dogmas e o ensino, podendo intervir nos negócios das Igrejas locais. O clero do campo, oriundo do meio rural, muitas vezes inculto, casava-se e vivia como o povo. Só o alto clero das cidades, proveniente da alta sociedade bizantina, era instruído e permanecia celibatário.

Na Idade Média, o Império Bizantino era grego. Os novos povos conquistados pelo cristianismo (búlgaros, sérvios, russos) escolheram um primaz autônomo, mesmo reconhecendo a autoridade do patriarca de Constantinopla. Depois da queda do Império Bizantino, no século XVI, a Rússia se intitulou herdeira do Império cristão do Oriente, e o patriarca de Moscou disputaria com o patriarca grego a autoridade sobre a ortodoxia.

• *A liturgia* ocupava lugar importante na ortodoxia. Ela se desenvolveu na língua de origem das diferentes regiões orientais: grego, siríaco, copta, armênio, búlgaro, russo. A celebração da eucaristia, chamada *synaxis* ("assembléia"), conservou a sua estrutura de origem, ampliando-a. Efetivamente, a liturgia, querendo evocar todas as etapas da vida terrestre de Jesus, conseguiu operar uma concordância entre estas e os gestos litúrgicos. Do mesmo modo, a decoração das igrejas reproduzia, pela pintura ou pelos mosaicos, as cenas da vida do Cristo e dos apóstolos; a cúpula, com o Cristo Pantocrátor (todo-poderoso), reunia o céu e a Terra. Arquitetura, liturgia, leitura da Bíblia: tudo manifestava a história da salvação. A liturgia não evoluiu depois do século XIV. Apesar de sua alta espiritualidade, ela apresenta hoje problemas ligados à língua (o grego antigo dos textos litúrgicos não é mais compreendido pelos fiéis) e aos gestos (que se tornaram, em certas igrejas, excessivamente formalistas, próximos da superstição). Um exemplo marcante: a iconóstase, em que dispostos os ícones dos santos são entre os celebrantes e os fiéis. Esta acabou por se tornar um elemento de separação, e não mais um laço, isolando os fiéis do clero e deturpando o espírito da liturgia.

• *As Igrejas nacionais.* Do século XVI ao XVIII, a dominação otomana se estendeu sobre os países dos Balcãs e da bacia oriental do Mediterrâneo. As diferentes Igrejas ortodoxas protegeriam a língua e os costumes de seus países, e cada uma delas se proclamaria autônoma. Conservariam esse status quando da retirada otomana. Na Rússia, o enfraquecimento do poder do czar, no começo do século XX, provocou uma renovação na Igreja russa, que solicitou a convocação de um concílio, o qual poderia adaptar os costumes tradicionais ao mundo contemporâneo. A ortodoxia ganhou o leste do país, na esteira da conquista russa. A revolução de 1917 seria uma catástrofe para a Igreja na Rússia.

Rupturas no Ocidente: poder e religião

Do século V ao XI, o Ocidente sofreu uma transformação radical. Em 476, os povos vindos do Leste se instalaram no antigo Império do Ocidente, varrendo-o do mapa: queda do último imperador romano na Itália, ocupada pelos ostrogodos; nascimento do reino franco na Gália e do visigótico na Espanha. Associando-se às sociedades autóctones romanizadas, esses povos adotaram a administração romana e, por volta de 600, eram todos cristãos, católicos. Os bispos tiveram importante papel nesses séculos conturbados: muitas vezes, eram os únicos a garantir um mínimo de administração bem como o socorro aos mais pobres, mantendo o quanto podiam dos tesouros culturais, a começar pela língua, a escrita e os livros. Mas seu lugar na sociedade começou a ser contestado, a partir do século VIII, pelos novos reis e pelos "grandes".

• *Usurpações de poderes da Igreja.* A luta entre o poder temporal e o da Igreja começou com os carolíngios. Carlos Magno organizou a Igreja e desejava submeter o papa; legislava e intervinha na disciplina da Igreja, distribuía aos seus fiéis bispados e abadias, de modo que, no século X, a Igreja experimentou uma verdadeira decadência. As autoridades eclesiásticas nomeadas pelas autoridades temporais tinham mais cuidado com os negócios materiais do que com os assuntos espirituais. Nesse período nasceu o longo conflito de influências pelo controle do poder da Igreja entre o papado, as monarquias e as grandes famílias romanas.

Depois dos carolíngios, os otonianos, por sua vez, quiseram submeter o papado. O episódio mais célebre dessa luta foi a Querela das Investiduras: quem iria designar os bispos, o papa ou o imperador? Em 1076, o papa Gregório VII (1021-1085) excomungou o imperador Henrique IV, que não respeitou o direito pontifical; no ano seguinte, este veio implorar o perdão do soberano pontífice em Canossa. Esse episódio foi apenas o primeiro de uma longa série, pois as mesmas questões reapareceriam com todos os reis: na Inglaterra, com Guilherme, o Ruivo; na França, sob Filipe o Belo; Francisco I; e, principalmente, com Luís XIV (depois dos "Quatro Artigos", que faziam do rei praticamente o chefe da Igreja da França, a realeza foi ameaçada de excomunhão e esteve a ponto de separar-se de Roma). Essas crises francesas são conhecidas pelo nome de *galicanismo.* A crise continuou sob Luís XV, com o fechamento de um grande número de mosteiros e em 1773 a dissolução da ordem dos jesuítas. Essa situação preparou o confronto com a Revolução, que, elaborando a Constituição civil do clero, queria a criação de uma Igreja nacional.

Na Alemanha, as tensões eram muitas, alimentadas pelas querelas provocadas pela Reforma. Na Espanha, a partir de Isabel, a católica (1451-1504), os monarcas pretenderam ser os chefes da Igreja. Graças ao apoio da rainha, Torquemada (1420-1498) acionaria a mais dura e desumana Inquisição de todos os tempos, apesar dos apelos do papa por mais caridade e menos intolerância. O rei Filipe II (1527-1598) perpetuaria esses crimes, tolerando no seu reino apenas os cristãos de longa data. Os mouros e marranos, cristãos de origem árabe ou judia, fugiriam para os países do norte da Europa.

• *Rumo à liberdade religiosa.* A vontade de dominar a Igreja se manifestou ao longo do século XIX na Espanha, na França — com os artigos orgânicos acrescentados por Napoleão I à concordata de 1801 —, na Áustria, no Império alemão de Guilherme I. Ao proclamar a infalibilidade do papa, o concílio Vaticano I (1870) provocaria viva polêmica, embora a infalibilidade papal sempre tivesse vigorado na Igreja, sem jamais assumir caráter político.

Finalmente, no século XX, Roma conseguiu livrar-se do controle político, tendo negociado, com mais ou menos serenidade, acordos de separação entre a Igreja e o Estado. Atualmente, a maioria dos países ocidentais chegou a essa solução que, se por vezes provocou agitações, como foi o caso na França, nem por isso foi menos favorável à Igreja, que assim adquiriu a sua independência.

Na Itália, os acordos de Latrão (1929) resolveram a questão dos Estados pontificais. Apoiando-se na *doação de Constantino*, um apócrifo do século IX, a posse das terras garantira para os papas uma certa independência até 1848. Os acordos de Latrão reconheciam a soberania do pontífice sobre a cidade do Vaticano, com as quatro basílicas maiores da cidade de Roma, entre as quais a de Latrão, catedral de Roma. O papa, chefe espiritual de todos os católicos, é também chefe de Estado. Assim, a Santa Sé credencia embaixadores (núncios) para o estrangeiro e recebe representantes diplomáticos da maioria dos países do mundo atual.

Todas essas crises, entretanto, atingiram pouco a vida dos fiéis. Nas paróquias dos campos e das cidades, em torno do cura, a liturgia continuava sendo celebrada e a comunidade comemorava suas alegrias e tristezas. Até o século XVIII, a Igreja foi o centro de toda a vida e, para a maioria das pessoas, a única referência.

As Reformas e a divisão da cristandade ocidental

O século XVI assinalou uma reviravolta na Igreja do Ocidente. Até então unida, apesar de todas as querelas, ela sofreria uma ruptura que, para as comunidades que iriam se separar da Igreja católica romana, acarretaria a fundação de duas correntes confissionais: a *Igreja luterana da Confissão de Augsburgo* e a *Igreja reformada.* Outras correntes também nasceriam.

• *Reformas necessárias.* A necessidade de reformar a Igreja do Ocidente tornou-se indispensável depois da Guerra dos Cem Anos (1337-1453) e da abertura da sociedade às novas técnicas: redescoberta da Antigüidade, exploração do mundo, renascimento do grande comércio, aparecimento da imprensa. Em meio a essa efervescência, os ministros do culto tinham, freqüentemente, pouca instrução, e os bispos ficavam ausentes de suas dioceses. Além disso, o papado estava enfraquecido por uma das maiores crises que já abalaram a Igreja. Ela é conhecida sob o nome de *grande cisma do Ocidente.*

Durante todo o século XIV, os monarcas europeus se enfrentaram e tomaram como refém a hierarquia da Igreja. De 1309 a 1327 os papas se instalaram em Avignon, sob influência francesa. A volta do soberano pontífice a Roma, em 1378, provocou uma eleição pontifical dissidente em Avignon. Os Estados da Europa, e com eles a cristandade, se dividiram em torno desses dois papas sem poderes; essa crise durou até 1417. Por fim, os Estados conseguiram se entender, convocando o concílio de Constança, sob a presidência do imperador da Alemanha. As diferentes nações concordaram em restabelecer a unidade da Igreja, depondo os papas em exercício e propondo um único papa para toda a cristandade, Martinho V.

A cristandade saiu perturbada dessa crise. A reforma, necessária, era constantemente adiada, pois o mundo ocidental estava em guerra; além disso, no começo do século XVI, os papas se deixaram levar, a exemplo dos outros príncipes italianos, para lutas políticas, e também para as inovações arquitetônicas em Roma. A antiga basílica constantiniana de São Pedro foi substituída por um novo edifício, acarretando despesas consideráveis. Para arrecadar as somas necessárias a esses trabalhos, o papa Leão X (1513-1521) voltou a recorrer ao sistema das indulgências. Os fiéis, com o pagamento de uma quantia em dinheiro, pensavam comprar a segurança de sua salvação. Esse tráfico iria desencadear a reação de Lutero.

Aliás, em toda a Europa, cresciam as exigências por reforma, especialmente por um retorno às fontes, às Sagradas Escrituras: John Wyclif na Grã-Bretanha, Jan Hus na Boêmia. Nos Países Baixos, *Erasmo* (1469-1536) dedicou-se à revisão da Bíblia, partindo do texto grego. Uma verdadeira efervescência intelectual reinava na Europa. *Lutero* e *Calvino* se situaram nessa corrente.

• *Martinho Lutero* (1483-1546), monge agostiniano e professor de Sagradas Escrituras em Wittenberg, Alemanha, ergueu-se contra os abusos do papado, especialmente contra a prática das indulgências. Em 1517, afixou as suas famosas teses antipapais, as quais foram imediatamente condenadas pela Igreja. Recusando-se a ceder, Lutero foi excomungado em 1520 e banido do Império alemão. Protegido pelo Eleitor de Saxe, retirou-se para as terras deste e começou a traduzir a

Bíblia para o alemão. Também elaborou a sua doutrina — enfatizando a liberdade do homem e a iniciativa divina —, que seria publicada por ocasião da Dieta (assembléia) de Augsburgo, em 1530. O luteranismo seria chamado doravante pelo nome de *Confissão de Augsburgo*. Depois de 1529, quando da Dieta de Spire, os católicos pediram que a pregação dessa doutrina, que provocara a Guerra dos Camponeses, fosse interrompida. Os discípulos de Lutero protestaram contra essas reações católicas — daí o nome de *protestantes*, que seria atribuído posteriormente a todos os cristãos oriundos da Reforma (e não apenas aos que se filiavam à Confissão de Augsburgo). Em 1555, após três décadas de conflitos, às vezes armados, entre católicos (liderados por Carlos V) e luteranos, a paz de Augsburgo reconhecia para cada príncipe o direito de escolher a sua religião e a impor ao seu Estado, segundo o princípio *cujus regio, ejus religio*; os fiéis que não aceitassem essa decisão deviam expatriar-se. Nos Estados que se tornaram protestantes, todos os bens da Igreja católica foram secularizados — passaram a pertencer às cidades ou aos príncipes, os quais, a partir de então, organizaram a nova religião.

Os dois grandes princípios do protestantismo luterano são: *sola fides sola scriptura. Sola fides*: só a fé salva; o homem é santificado pela graça de Deus e não por seus próprios méritos. *Sola scriptura*: só a Sagrada Escritura é a norma do ensino cristão. A Tradição da Igreja é rejeitada. A Bíblia luterana adota o Antigo Testamento hebraico e exclui os livros escritos diretamente em grego ou conservados nesta língua; também não considera as epístolas ditas "católicas"do Novo Testamento (Tito, Timóteo, Tiago), atribuindo-as à Tradição e não aos apóstolos.

O protestantismo rejeita as práticas da Igreja católica, especialmente a maioria dos sacramentos; conserva apenas o batismo e a Ceia. Os fiéis são a Igreja; não há mais padres, bispos, ou religiosos, mas pastores que ensinam a Sagrada Escritura. Uma hierarquia profana organiza, a partir de então, a Igreja protestante.

A reforma luterana ganhou adeptos principalmente nas regiões do norte da Europa. Na França, embora certos meios fossem atraídos por essa reforma, a maioria adotaria preferencialmente a reforma de Calvino.

• *João Calvino.* Nascido em Noyon, na França, em 1509, João Calvino interessou-se pelas idéias reformadoras por volta de 1530, separando-se do catolicismo cerca de quatro anos mais tarde. Refugiou-se em Basiléia e, após uma temporada em Estrasburgo, onde se desenvolveu a reforma luterana, estabeleceu-se definitivamente em Genebra. Ali conseguiu organizar o poder civil segundo a nova lei religiosa.

Essa doutrina inédita foi exposta em sua obra *Instituição da religião cristã* e deu origem ao *calvinismo.* Como a reforma luterana, o calvinismo rejeita a Igreja e os sacramentos, exceto o batismo. Na fé, que o regenera, o homem descobre Deus — que se revela pela tradição primitiva, isto é, os primeiros concílios. Calvino insistia na predestinação: Deus escolhe os que devem ser salvos. As "obras" são incapazes de salvar o homem; apenas a vontade de Deus pode reabilitar a criatura decaída. O poder civil deve vigiar os costumes, a exatidão da pregação e o estudo da Bíblia.

A prática da moral entre os luteranos e, principalmente, entre os calvinistas é bastante rigorosa. O misticismo dos católicos é eliminado e as cerimônias imponentes e pitorescas são substituídas por um culto sóbrio (as populações pouco letradas ou analfabetas o acusariam de ser excessivamente cerebral).

Lutero quis reformar a Igreja; não conseguiu. Quando morreu, os cristãos estavam divididos e assim permaneceriam até hoje. A Igreja reformada (os calvinistas) e muitas outras comunidades cristãs (batistas, metodistas etc.) continuam a se filiar a essa herança. Durante muito tempo, os protestantes foram tratados como hereges pelos católicos; aos olhos da Igreja católica romana atual, são irmãos "separados".

• *O concílio de Trento.* Depois de ser abalada por esses rompimentos, a Igreja católica empreendeu também a sua reforma. A *Reforma católica* saiu do *concílio de Trento.* Depois de longas tergiversações, em resposta às críticas luteranas, a idéia de um concílio desenhou-se efetivamente. O próprio Lutero desejava um concílio que condenasse o papa e a Igreja romana. Eleito imperador em 1519, Carlos V expressou o mesmo desejo. Mas as guerras que se sucediam entre o imperador e os Estados protestantes, entre o rei da França e o imperador, impediram essa convocação. Por fim, o concílio foi realizado em Trento, em 1545. Suas três sessões, com várias interrupções, duraram até 1563. Os protestantes, convidados, recusaram-se a participar.

O objetivo era definir claramente a doutrina de fé dos católicos, o papel dos sacramentos (eucaristia, sacerdócio, matrimônio), a importância da Sagrada Escritura e da Tradição. Pontos específicos foram precisados: a doutrina do purgatório (tempo de purificação dos pecadores depois de sua morte), o culto aos santos, o pecado original e a justificação do cristão pela fé e pelas obras. O concílio abordou também questões disciplinares, como a obrigação imposta aos bispos de residirem em seu bispado e de zelarem pelo bom funcionamento da vida de suas dioceses; preconizou também a fundação de seminários para a formação dos padres.

A obra reformadora do concílio de Trento foi importante, pois remodelou a Igreja católica. O concílio criou o catecismo, o missal, o breviário; suas exposições doutrinárias, que davam novo impulso ao catolicismo, serviriam de referência à Igreja até o concílio Vaticano II.

Na França, a aceitação do concílio foi freada pelo galicanismo, assim como na Espanha, onde o rei se dizia vigário de Deus e suportava mal a influência do papado. Nos países do norte da Europa, a situação dos católicos era complicada, e, após tantas lutas internas, tornava-se difícil a sua sobrevivência. Nos Países Baixos, sua situação era um pouco melhor: embora seus bens fossem confiscados, como nos outros países protestantes, a religião católica continuava sendo tolerada. Na Inglaterra e na Irlanda, as polêmicas entre católicos e protestantes se sucediam; o cisma provocado por Henrique VIII (1534) daria origem ao anglicanismo. Inicialmente, este conservou as práticas dos católicos, porém o chefe da Igreja não era mais o papa, e sim o rei. Uma radicalização que adotava as teses protestantes provocaria a cisão entre a *High Church*, fiel às tradições antigas, e a *Low Church*, conquistada pela Reforma.

Os séculos XVI e XVII foram sacudidos por crises e guerras ligadas à intransigência religiosa, apoiada e até estimulada pelos príncipes em toda a Europa. O século XVIII trouxe a pacificação: o cristianismo começou a estender-se para fora da Europa, seguindo as primeiras grandes explorações do mundo. Aliás, nos grandes países europeus, a idéia de uma certa tolerância entre católicos e protestantes tendia a desenvolver-se.

O cristianismo contemporâneo

A expansão do cristianismo

A expansão colonial do século XIX permitiu ao cristianismo conquistar os cinco continentes. A renovação religiosa na Europa, depois da onda revolucionária; a aproximação das Igrejas católicas nacionais com o papado; e a nova concepção, na cristandade, das relações sociais fundadas na justiça condicionaram uma abordagem inédita da religião. Missionários, padres e religiosas católicos, e também pastores protestantes, partiram para os países da África, da Ásia e da América em grande número. A evangelização foi acompanhada de uma obra social e educativa. Esse movimento foi contínuo até a II Guerra Mundial, e deu origem a Igrejas locais dinâmicas, mesmo que algumas estivessem ligadas ao desenvolvimento colonial.

A renovação do cristianismo ocidental

Os progressos das ciências no campo profano repercutiram pouco a pouco no cristianismo, dando origem às ciências religiosas. O movimento começou entre os protestantes, com o estudo crítico da Bíblia, afirmando-se, no fim do século XIX também entre os católicos. O método histórico, no início, provocou entre os católicos uma crise de aplicação à exegese bíblica e à história dos dogmas, o *modernismo.* Menos doutrina do que forma de espírito, o modernismo sistematicamente opunha fé a razão, descobertas científicas a ensino tradicional.

• *A renovação bíblica e litúrgica.* Sob a inspiração de Leão XIII e graças à personalidade do dominicano Albert (Marie-Joseph) Lagrange (1855-1938), foi fundada em 1890 a Escola Prática de Estudos Bíblicos de Jerusalém, aberta a todos os pesquisadores que quisessem confrontar o texto bíblico com as descobertas arqueológicas e os documentos da Antigüidade. O estudo dos Pais da Igreja, da epigrafia e dos arquivos permitia uma volta às fontes para o cristianismo.

Atualmente, a Bíblia é a obra mais traduzida e mais estudada no mundo, e sua exegese utiliza meios científicos e técnicos de ponta. A tradução ecumênica da Bíblia (TEB) (1975) foi produto de um trabalho de alto nível, realizado por pesquisadores católicos, protestantes e ortodoxos. Essa pesquisa científica foi benéfica, tendo favorecido particularmente a aproximação das Igrejas. As revisões do direito canônico, em 1917 e em 1983, manifestaram a preocupação de adaptar o status da Igreja romana à sociedade contemporânea. A liturgia católica teve seus ritos depurados, graças a um melhor conhecimento de sua história e de sua significação; o mais importante foi a adoção das línguas vivas na leitura da Escritura e nos sacramentos.

• *O ecumenismo.* Graças a essa pesquisa das origens, o movimento ecumênico progrediu. Locais de encontro foram criados: em 1959 foi fundada a Conferência das Igrejas Européias, agrupando as Igrejas protestantes, anglicanas e ortodoxas do Ocidente e do Leste. Essa Conferência trabalhava em associação com o Conselho das Conferências Episcopais Européias — católico. Juntas, essas instâncias prepararam a Reunião de Basiléia, em 1989 (em que todas as Igrejas se expressaram em resoluções relativas à Europa), e a de Graz, em 1997. Por sua vez, a comunidade de Taizé estimulou o encontro dos jovens cristãos na prece, na reflexão e no intercâmbio.

Esses progressos foram possíveis graças ao concílio *Vaticano II*, lançado pelo papa João XXIII e levado a termo por Paulo VI. Reafirmando tanto o valor doutrinário da Bíblia quanto o ensino da Igreja católica, esse concílio promoveria a adaptação ao mundo contemporâneo e às suas novas exigências. Consolidava o engajamento dos leigos e reconhecia a liberdade religiosa. Dificuldades de aplicação suscitariam reações integristas em alguns cristãos, que achavam essas disposições excessivamente vanguardistas.

• *O engajamento social* tornou-se uma prioridade para os católicos e para os protestantes. As Igrejas estimularam a ação junto aos mais pobres, quer individualmente, quer em movimentos caritativos. Com seu engajamento desde o século XIX, a doutrina social católica (promulgada pelo papa Leão XIII em 1891, na sua encíclica *Rerum novarum*), a Ação Católica, organismos especializados como Caritas (associação católica internacional) ou Cimade (serviço de ajuda mútua protestante francês) e personalidades como o pastor Schweitzer, Madre Teresa ou Irmã Emmanuelle deram nova dimensão às Igrejas. "Há um traço comum na maioria das Igrejas e comunidades cristãs na Ásia que as aproxima das Igrejas da Europa e da América do Norte e do Sul. Elas querem ter um papel na cidade, não por conservadorismo, mas para mudar a ordem estabelecida: em nome dos direitos humanos, da democracia, da justiça social. Nas Filipinas e na Coréia do Sul, elas intervieram energicamente para derrubar as ditaduras. No Vietnã, na China, elas resistem ao comunismo, e mesmo muito minoritárias, como na China e na Índia, podem ser catalisadoras de mudança." (*Ramsès 92, Christianisme et Sociétés*, IFRI [Instituto Francês de Relações Internacionais], sob a direção de Thierry de Montbrial.)

Igrejas ortodoxas e Igrejas do Oriente

As Igrejas ortodoxas paulatinamente emergiram do domínio das ditaduras que as perseguiam. Levadas a se defenderem, serviram muitas vezes de refúgio para a identidade nacional. Saindo dessa provação exaustas, divididas, desconectadas da evolução cristã, elas também tiveram dificuldades ligadas à sua hierarquia, durante tanto tempo complacente com os regimes estabelecidos. Essas Igrejas nacionais tinham dificuldade em colaborar umas com as outras, cada uma delas se proclamando autônoma. O patriarca de Constantinopla queria fazer a unidade da ortodoxia em torno de si, mas chocou-se com o patriarca da Rússia, que manifestava as mesmas pretensões. Essa rivalidade freava o progresso da unidade do mundo ortodoxo e destruía todos os esforços dos católicos por uma volta à comunhão das Igrejas entre o Oriente e o Ocidente, tão próximas por seus dogmas. O patriarca Atenágoras aceitou a reconciliação com a Igreja católica durante seu encontro com o papa Paulo VI, em 1964, e os contatos continuam entre o patriarca de Constantinopla e João Paulo II. Infelizmente, o patriarca da Rússia recusa qualquer contato com os católicos, os quais acusa de proselitismo. Na verdade, depois da queda do comunismo, os ortodoxos uniatas, principalmente na Ucrânia e na Romênia, tentaram recuperar uma parte de seus bens, confiscados pelos ortodoxos — uma situação de conflito, cuja responsabilidade se atribui a Roma. Além disso, a nova legislação em vigor na Rússia não garante a total liberdade religiosa.

As Igrejas do Oriente são obrigadas a enfrentar a renovação do islamismo. Muitas vezes reduzidas a pequenas comunidades, elas são mantidas pelo Ocidente. Sua força está no fato de terem sabido resguardar uma implantação local que favorece a sua coesão. Preservando suas especificidades, elas tentam aproximar-se umas das outras para uma melhor resistência local e uma obra educativa e social mais positiva. Várias fizeram contato com a Igreja católica romana, visando um reconhecimento mútuo. Por ocasião do sínodo do Líbano de 1997, os contatos foram muitos. A relação com a Igreja ortodoxa grega é mais difícil, mas a esperança de um reconhecimento mútuo subsiste. Assim, a renovação cristã, voltando às suas fontes e considerando a história, aponta para uma união dos cristãos. Essa renovação é ilustrada pelo mosteiro de Chevetogne, na Bélgica, fundado em 1925 para promover os laços entre as Igrejas.

Alguns números

Católicos romanos: 900 milhões; protestantes: 450 milhões; ortodoxos: 170 milhões; judeus: 20 milhões; muçulmanos:

850 milhões. (Esses números são citados por Michel Leplay em *Foi et vie des protestants*, Paris Desclée de Brouwer, 1996.)

A população mundial cresce muito depressa e o cristianismo se tornou minoritário. As mais fortes concentrações de população se localizam em regiões pouco atingidas pelo cristianismo: a China e a Índia. Se os cristãos desejam evitar a marginalização, se querem conservar um papel ativo em escala mundial, devem prosseguir em seus esforços por mais unidade e engajar-se resolutamente, juntos, em nome do Evangelho, na luta por mais humanidade e justiça social no mundo.

3 *O Islamismo*

Nascimento do islamismo

A revelação de Maomé se dirigiu a um mundo politeísta, o qual ela pretendia reformar.

Maomé no seu tempo

Islamismo, muçulmano

O verbo *'aslama*, de onde se origina o termo "islamismo", significa "confiar-se a alguém". Na revelação do Profeta e na religião que se organizou em torno desta, admitia-se que se tratava da "submissão", da entrega confiante ao Eterno. Ser crente supunha que alguém se dava inteiramente a Alá e obedecia aos seus mandamentos.

O ambiente e a vida do Profeta

Maomé (em árabe, Muhammad) nasceu em Meca, em uma das províncias mais afastadas do Oriente Médio, Hedjaz, região que se estende ao longo do Mar Vermelho, a oeste da península arábica. Essa região desértica tem um clima muito contrastado, de grande amplitude térmica. Só as fontes permitem a vida, e os oásis se desenvolvem em torno delas.

Esse ambiente natural marcou os homens que ali viviam e determinou suas atividades: eram nômades e mercadores. Nômades, iam com seus rebanhos de um ponto de água a outro; caravaneiros, faziam a ligação entre as cidades, de norte a sul, e controlavam o comércio da região.

Na época de Maomé, a Arábia era politeísta, pouco afetada pelo judaísmo e pelo cristianismo. Havia uma comunidade judaica em Meca e em Medina e grupos de cristãos nestorianos e monofisistas na Arábia. As populações árabes veneravam divindades tribais ou locais de fraco antropomorfismo, e praticavam cultos de caráter astral, materializados por ritos em torno de um *bétilo*, pedra sagrada supostamente caída do céu. O mais célebre desses lugares de culto era a *Ka'aba* de Meca, que guardava a Pedra Negra. Nessa cidade também eram honradas três divindades: al-Manât, deusa da Felicidade, Allât, deusa do Céu, e Allah, que tomou o primeiro lugar a partir do século VII. Essa Ka'aba já era, antes do islamismo, um centro de peregrinação para as tribos árabes, um espaço sagrado. Tal culto favorecia práticas sacrificiais e regras de pureza ritual. Adivinhos, inspirados por forças sobrenaturais, respondiam às consultas; proferidas em verso ou prosa, suas respostas tinham caráter mágico. Como todos os cultos da Antigüidade politeísta, essas práticas eram exclusivamente rituais e não acarretavam obrigações morais. Cada tribo tinha seus próprios códigos de vida: entre tribos, tudo era permitido.

Maomé cresceu nesse meio cultural. Sua vida é conhecida por alusões encontradas no Corão e pela tradição que serviria, nos séculos IX e X, para compor a biografia do Profeta, a qual seria aceita por todos os muçulmanos. O Corão não dá indicações cronológicas, mas cita alguns nomes, entre os quais o de Maomé, que aparece quatro vezes sob a forma de Muhammad e uma vez sob a forma de Ahmad (LXI, 6). Essas duas formas significam "o muito glorioso".

Maomé nasceu provavelmente entre 570 e 580, na tribo dos quraysh. Tornando-se órfão muito cedo, foi entregue a seu tio e logo participou das atividades comerciais. Entrou para o serviço de uma rica viúva, Khadija, cujos negócios dirigiu e com quem se casou, apesar da diferença de idade. Ela lhe daria quatro filhas, entre as quais Fátima, que seria esposa de Ali, um primo. Depois da morte de Khadija, em 619, Maomé desposou 12 mulheres, entre as quais Aicha, filha de um dos seus companheiros, Abu Bakr.

As primeiras manifestações do islamismo

A tradição situa as primeiras revelações do Profeta por volta do fim da vida de sua primeira mulher, pois Khadija foi a primeira crente. Os companheiros aos quais o Profeta comunicou o seu ensino eram Abu Bakr, comerciante de Meca, seu sogro, seu filho adotivo Zaid e seu primo Ali. Os discípulos do Profeta, um círculo de fiéis, suscitavam a hostilidade dos habitantes de Meca. Depois da morte de sua primeira mulher, Maomé decidiu deixar Meca. A tradição situa em 622 a viagem noturna do Profeta a Jerusalém e dali ao céu, arrancado do célebre Rochedo por um animal fabuloso. Só a data da partida do Profeta para Yathrib é atestada com precisão; ela marcou o ponto de partida da era islâmica e do calendário muçulmano: era a *hégira*. A tradição afirma que Maomé tinha então 40 anos. Em Yathrib, que se tornou Medina (*al-Madinat al-Nabi*, "a cidade do Profeta"), Maomé foi chefe da comunidade, a *umma*, legislador e juiz. Anunciou a nova fé e combateu os que se opunham à sua pregação. Líder guerreiro, conseguiu a adesão das tribos beduínas e combateu os habitantes de Meca, que tentavam barrar-lhe o caminho. No ano 2 da hégira, seus partidários venceram as tropas de Meca em Badr. Essa vitória era estrategicamente insignificante, mas da maior importância para a nova comunidade: Alá, tornando-se o seu único Deus, pronunciava-se pelo Profeta. As lutas contra Meca continuaram até 628; nesse ano, durante o mês sagrado, Maomé e seus companheiros obtiveram autorização para fazer parte, no ano seguinte, da peregrinação a Meca, ainda politeísta. Em janeiro de 630, Maomé decidiu atacar essa cidade. Fez da Ka'aba, despojada de seus ídolos, o lugar de culto a Alá.

Então Maomé estendeu seu domínio a uma grande parte da Arábia; submeteu cristãos em Najrân e impôs-lhes um tributo, condição para que pudessem praticar sua religião. Também lançou uma primeira expedição à Síria, contra o Império Bizantino. Morreu em Medina, em 632.

A revelação, a nova religião

Não temos detalhes sobre como teve início a revelação feita a Maomé. A tradição declara que ele tinha o hábito de retirar-se para uma caverna do Monte Hira, perto de Meca e que lá, durante o mês do Ramadã, foi chamado pelo anjo Gabriel, que lhe mandou transmitir aos homens as revelações que lhe faria o Espírito de santidade. Inicialmente hesitante, foi estimulado por Khadija e começou a difundir essas revelações. Durante toda a sua vida o Profeta continuaria recebendo essas revelações, as quais, transmitidas aos companheiros, formariam o *Corão*, "recitação" das revelações de Alá.

Expulsando as outras divindades do mundo árabe, Alá tornou-se o único Deus. O Corão foi considerado a expressão de sua palavra, transmitida pelo Profeta, o qual se pretendia enviado de Alá para anunciar o julgamento do fim dos tempos, que estava próximo. Ele convidava os habitantes da Arábia a mudar de vida: abandonar os ídolos pagãos, reconhecer Alá como único Deus, submeter-se à sua vontade e respeitar seus mandamentos, preparando-se para o julgamento.

A hostilidade de Meca levou Maomé a estabelecer sua teocracia em Medina. Ele rompeu os laços com os judeus, seus oponentes, e fez do islamismo uma religião nova e independente, vinculada a Abraão. Este viveu antes da entrega da Lei no Sinai, e portanto não era judeu, mas muçulmano. Na verdade, Maomé acusava os judeus e os cristãos — os povos do Livro — de terem deformado a revelação divina; esta era restabelecida no Corão. A partir de então, os muçulmanos passaram a se voltar para a Ka'aba no momento da prece, e não para Jerusalém, como os judeus. A Ka'aba era o lugar sagrado por excelência, construído por Abraão e Ismael, primeiro filho do patriarca. Para marcar a diferença dos cultos judaico e cristão, Maomé escolheu a sexta-feira como dia de prece solene, isto é, o sexto dia da semana, que presenciou a criação de Adão, segundo o relato do Gênese.

Depois de sua vitória sobre os habitantes de Meca, em 630, Maomé instaurou oficialmente a nova religião. A comunidade dos crentes, a *umma*, reconhecia apenas Alá e desejava fazer com que todos o aceitassem.

A nova religião integrou, pois, elementos pré-islâmicos — a Ka'aba, a peregrinação a Meca, o Ramadã, Alá —, dando-lhes um novo sentido; também integrou acontecimentos da Bíblia, adaptando-os. A vida dos crentes era organizada a partir da palavra do Profeta. Os acontecimentos de sua vida são relatados pela tradição, a *sunna*, e estão parcialmente sugeridos no Corão.

A sucessão do Profeta

Como o Profeta não tinha filhos, sua sucessão era difícil.

Os quatro primeiros califas

A instituição do califado (da palavra *califa*, "sucessor") se impôs, após a morte do Profeta. O encargo de dirigir a comunidade dos crentes coube a um dos companheiros de Maomé, Abu Bakr, que já dirigia a prece. Antes de morrer, em 634, ele designou para seu sucessor Omar, o qual foi assassinado em 644. Os habitantes de Meca e os de Medina eram rivais. A sucessão foi proposta a Ali, primo e genro do Profeta, que a recusou. A escolha recaiu em Othman, também genro do Profeta, oriundo da aristocracia de Meca, os omayya. Othman foi assassinado em 656 — o que abriu uma grave crise e resultou na divisão da comunidade. Eleito califa,

Ali não chegou a impor a sua autoridade, principalmente diante da família de Othman, ligada tardiamente a Maomé, depois de tê-lo combatido ferozmente. Essa adesão lhe valeu honrarias importantes. Assim, o primo de Othman, Mu'âwiya, tornou-se governador da Síria. Essa ascensão rápida provocou inveja e acirrou rivalidades entre os partidos e até na família de Maomé. Sua linhagem mais antiga (a de Ali), os hachemitas, se chocou com a mais nova (a de Othman), os omíadas, a qual se imporia. Tal situação não era aceita nem pelos *kharidjitas* (os "revoltados"), nem pelos fiéis a Ali (que se tornariam os *xiitas*, os "partidários"). Ali — que aceitou a arbitragem do Corão em favor de Mu'âwiya, um omíada, quando da batalha de Siffin, em 657, e que finalmente renunciou aos seus direitos — foi assassinado em 661. Os que tinham proposto e aceito a arbitragem, a maioria sunita, pensavam estar resolvida, por direito, a questão da sucessão do Profeta; afirmavam que esta não devia ter como critério a família, como queriam os partidários de Ali, mas sua herança espiritual, o Corão. A *sunna*, a "conduta" do Profeta, tal como a relata a tradição, foi redigida nos séculos VIII e IX; ela narra os *hadith*, palavras e atos do Profeta.

A evolução das correntes

• Os *xiitas*. O segundo sucessor de Ali, Hussein, seu segundo filho, foi massacrado na guerra, assim como todos os seus companheiros. A data desse assassinato tornou-se, para os xiitas, um dia de luto e penitência. Hussein foi reconhecido como terceiro imã. Entre os sunitas, essa palavra designava a pessoa que estava à frente, no primeiro lugar, o *amâm*, para dirigir a prece; entre os xiitas, o imã era o eleito — essa eleição era divina e lhe conferia uma missão teológica. Efetivamente, o imã devia explicar, esclarecer a verdade divina. Não se tratava portanto de uma sucessão política e dinástica, mas de uma sucessão espiritual, à qual estavam ligados verdadeiros poderes teológicos. O imã era o guia espiritual, o líder intelectual. A interpretação do papel do imã e seu modo de eleição provocariam cisões, ilustradas notadamente pelos dois principais ramos do xiismo: os septimanos e os duodecimanos. Os septimanos, ou *ismailianos* permaneceram fiéis ao sétimo imã, Ismail; os drusos e os alauítas eram descendentes desse ramo. A maioria dos xiitas se ligava aos duodecimanos do Irã, que permaneceram fiéis ao décimo-segundo imã.

• Os *sunitas.* A maioria dos crentes se ligava ao califa originário da arbitragem e aceitava o julgamento em favor de Mu'âwiya. Admitiam, com isso, a importância da *sunna*, a tradição. Ainda hoje os sunitas são os mais numerosos: representam cerca de 90% do islamismo.

Entre os séculos VIII e IX, os sunitas se dividiram em ramos diversos, oriundos das escolas jurídico-religiosas. A dificuldade de interpretar e codificar a tradição, a fim de fixar os ritos e as relações sociais, acarretou aplicações diversas. As escolhas se fariam em função das famílias conquistadoras. Mas todas essas "escolas" tinham o mesmo princípio fundamental: Corão e *sunna.* A divisão provinha principalmente da evolução política e jurídica das regiões, tendo os laços com o califa se tornado muito frouxos, ou mesmo inexistentes. À medida que o islamismo se difundia fora das regiões árabes, os emires assumiam sua independência e adotavam o direito jurídico-religioso que se impusera em suas regiões. Hoje, quatro "escolas" jurídico-religiosas são reconhecidas como ortodoxas e estão presentes nas grandes universidades islâmicas.

• Os *kharidjitas* formavam uma corrente minoritária e ultralegitimista. Seus descendentes atuais, os ibaditas, principalmente no sul do Magreb e em Omã, praticam um islamismo muito rigorista; representam menos de 1% dos muçulmanos.

A unidade de todo o islamismo repousa sobre o ensino do Corão.

O Corão e suas regras de vida

O Corão é a referência fundamental da qual o muçulmano extrai suas normas de vida.

O Corão

A elaboração

A palavra Corão (do árabe *qur'an*) significa "leitura" ou "recitação". Maomé não sabia ler nem escrever; repetia as palavras da revelação, e alguns de seus companheiros transcreviam fragmentos desta. A maioria desses primeiros crentes sabia de cor as palavras do Profeta. Esses textos nada tinham de oficial; várias redações divergentes circulavam, o que acarretava divisões. Assim, o califa Othman decidiu estabelecer, por volta de 650, através de uma comissão, um texto oficial do Corão, do qual mandou uma cópia para todas as cidades, ficando o original em Medina. O mais antigo exemplar desse Corão data de 776. Só no século X essa versão seria aceita — não sem hesitações — por todos os muçulmanos.

Na verdade, a escrita árabe, oriunda do nabateu, surgiu cerca de um século antes da vinda do Profeta. Nessa época, as letras não eram bem destacadas entre si, não havia pontuação nem vogais. As dificuldades de leitura e compreensão do texto provocariam discussões durante os três primeiros séculos dessa história, principalmente por parte dos xiitas. Assim, no século IX, a fim de fixar as leituras oficiais, determinaramse sete possibilidades de interpretação, emanando de autores provenientes dos grandes centros: Meca, Medina, Damasco, Bassora, Cufa. Mais tarde, esse número foi fixado em dez, e depois em quatorze, tendo as primeiras interpretações conservado a prioridade.

Tal como é hoje, o texto pode ser considerado como a edição oficial, aceita por todas as autoridades do islamismo. A primeira impressão do Corão data de 1923. O texto do Corão não foi submetido sistematicamente (salvo por islamólogos ocidentais) à crítica histórica fundada na paleografia, na epigrafia, na filologia e na arqueologia, como foi a Bíblia, a partir do século XIX.

A organização do texto

O Corão é um texto poético. Reparte-se em 114 capítulos, chamados suratas, de extensão variável — de 3 a 286 versículos (surata 103 e surata 2, respectivamente). No total, compreende 6.536 versículos. A classificação das suratas não corresponde à lógica ou à cronologia. No século X, elas foram classificadas segundo sua extensão, ficando as mais longas no início. A tradição muçulmana indica apenas se é um texto ditado em Meca ou em Medina. Os títulos não fazem parte da revelação; freqüentemente, são palavras-chave da surata.

O texto contém repetições e contradições. A tradição afirma que o Profeta, durante seu longo período de revelação, recebeu palavras diferentes a respeito do mesmo assunto e que, em tese, a segunda versão da revelação deve suprimir a primeira. Mas, como toda a revelação reflete a vontade divina, o Corão preservou o conjunto dos textos.

É evidente que as suratas são marcadas pelos acontecimentos e circunstâncias de sua redação. Assim, Maomé pregou a conversão no meio hostil de Meca, à qual o Profeta prometeu os males do juízo final, e condenou os seus concidadãos, que o tomavam por louco. A partir da hégira, ele clamava pelo monoteísmo absoluto e combatia por Alá, lutando contra os judeus e os oponentes de Meca. Nos últimos anos de sua vida, organizou a teocracia de Medina. Queria ensinar as populações a viverem segundo a lei de Alá, lembrando-lhes que deviam combater os inimigos.

O Corão foi recebido pelo crente como uma unidade, como a integralidade da revelação recebida pelo Profeta.

O conteúdo do Corão

O texto do Corão, sagrado para o crente, é considerado uma cópia, cujo original está junto a Alá. Foi revelado ao Profeta em língua árabe: esta é pois a língua sagrada. Traduzido, perdeu sua qualidade de palavra divina.

Os principais temas abordados pelo Corão se referem a Alá, ao seu ensino, ao juízo final e à criação.

• *Alá e seus atributos.* Alá é único: "Ele é Deus, não há Deus senão ele" (LIX, 22). Alá é "rei, santo, paz, o que dá testemunho de sua própria veracidade, o Vigilante, o todo-poderoso, o fortíssimo, o altíssimo ... Alá, o criador, o que dá começo a todas as coisas. É o todo-poderoso, o sábio" (LIX, 23-24). Esse trecho da surata "A reunião" expressa bem o sentimento dos muçulmanos em relação a Alá e à sua unicidade. Negá-la é um pecado sem perdão, uma impiedade. O primeiro dos crentes em Alá é Abraão: "[Ele] não era nem judeu nem cristão, mas um verdadeiro crente obediente a Alá; não estava no número dos politeístas" (III, 67). O Corão previne: "Não digais 'três'; deixai de fazê-lo, será melhor para vós. Alá é único. Glória a ele. Como teria ele um filho?" (IV, 171). Logo, "os que dizem 'Deus é o Messias, filho de Maria' são ímpios" (V, 72). E: "Alá nega o paraíso a todo aquele que atribui associados a Alá. Sua morada será o fogo. Sim; os que dizem 'Alá é na verdade o terceiro de três' são ímpios. O Messias, o filho de Maria, é apenas um profeta" (V, 72, 73, 75). Os ímpios são condenados ao castigo eterno. A fé do crente tem como objeto Alá eterno, onipotente, que não cessa de mostrar o seu poder, onisciente e criador de tudo. Essa fé é o centro do Islamismo.

• *O crente e Alá.* O crente recebe a graça de Alá caso se entregue inteiramente a ele. Será recompensado no juízo final, durante o qual Alá exigirá prestação de contas, pois é misericordioso para com o crente e severo para com o ímpio, isto é, o infiel. O poder de Alá é absoluto; ele decide o destino de cada um: "Alá cria assim o que quer" (III, 47; V, 17; XXIV, 45; XXX, 54) e leva para si aqueles que escolheu: "Alá guia para a luz a quem quiser"(XXIV, 35). Assim também, "castiga a quem quiser, é misericordioso com quem quiser" (XXIX, 21). O homem está só diante de Alá, sofre as provações da vida e comparece sozinho, para a retribuição de suas obras.

A fé em Alá, portanto, é fundamental: seu nome é citado 2.700 vezes no Corão. Além disso, cada um dos versículos é considerado uma síntese de tudo. Assim, para um muçulmano que não compreendesse a língua árabe, bastaria, a rigor, saber um único versículo para ter acesso à revelação.

• *Alá e a criação.* "Alá criou tudo, o céu e a terra e tudo o que eles contêm e enfim o homem, tudo isso em seis dias; Alá que é começo e fim, julga os homens" (VII, 54). O crente deve aderir ao conjunto desse ensinamento e respeitar o Corão, pois ele contém "uma religião imutável" (VI, 161). Por conseguinte, "as portas do céu não se abrirão para aqueles que tratarem os nossos sinais como mentiras, aqueles que se desviarem deles por orgulho. Eles não entrarão no paraíso, assim como um camelo não passará pelo buraco de uma agulha. É assim que retribuiremos os pecadores. Eles encontrarão, na geena, leitos com cobertas de fogo que os envolverão" (VII, 40-1).

Em resumo, Alá é o único Deus, criou o universo, os anjos, os demônios, os djinns e os homens; Alá falou aos homens pelos profetas e lhes ensinou o islamismo através de Maomé; no juízo final, retribuirá os homens e ressuscitará os fiéis. "Alá julgará entre vós; Alá não permitirá aos incrédulos que vençam os crentes" (IV, 141).

O Corão e a Bíblia

Aparentemente, o Corão e a Bíblia são próximos. O islamismo não se desenvolveu na região em que estavam presentes as tradições judaica e cristã? Acontecimentos como a criação e muitos personagens bíblicos são utilizados ou citados pelo Corão. Entretanto, a apresentação dos personagens e a interpretação dos fatos são radicalmente diferentes. Os relatos, tal como são apresentados no Corão, são influenciados pelos textos apócrifos que circulavam durante os primeiros séculos cristãos, ricos em histórias e narrações maravilhosas. Os cristãos os baniram do Novo Testamento. Para eles e para os judeus, os personagens da Bíblia, reis, profetas, sábios, todos tiveram por missão anunciar a salvação de Deus a todos os homens, sem que nenhum deles detivesse o monopólio dessa sabedoria, e, para os cristãos, Jesus é o Filho de Deus. Para o Corão, só Maomé veio revelar a verdade de Alá; e o Corão está repleto de acusações contra os judeus e os cristãos, essa "gente do Livro", que foi infiel: "Ó gente do Livro! A maior parte de vós sois perversos ..., eles são os mais profundamente perdidos, fora do caminho reto" (V, 61).

O islamismo afirma, efetivamente, que a fé muçulmana aparece através da Torá e do Novo Testamento: "Na verdade, revelamos a Torá, onde se encontram uma direção e uma luz ... Os mestres e os doutores faziam justiça, de acordo com o Livro de Alá. Demos o Evangelho, onde se encontram uma direção e uma luz, para confirmar o que era, antes dele, a Torá.

Nós te revelamos o Livro da Verdade, para confirmar o que existia do Livro, antes dele, preservando-o de toda alteração" (V, 44-46).

Para o muçulmano, o ensino do Corão é preexistente à Bíblia, e os profetas receberam apenas uma parte dele ou alteraram o seu conteúdo. Ao contrário, os judeus e os cristãos vêem na Bíblia a continuidade da história de Deus junto aos homens; os muçulmanos vêem nela apenas uma parte do Corão. O último dos profetas antes de Maomé é Jesus, mas o Corão lhe nega toda superioridade, pois ele é apenas o sétimo dos grandes profetas: "Cremos em Alá, naquilo que nos foi revelado, naquilo que foi revelado a Abraão, a Ismael, a Isaac, a Jacó e às tribos, no que foi dado a Jesus, no que foi dado aos profetas pelo Senhor. Não temos preferência por nenhum deles" (II, 136).

Na realidade, só Maomé é o verdadeiro Profeta, que transmite toda a verdade de Alá, o que a "gente do Livro" não faz. Assim, não há no Corão uma história de salvação como na Bíblia; Jesus não veio operar essa salvação, revelando o Reino de Deus, prometido desde os patriarcas e através de todos os personagens do Antigo Testamento. Só o muçulmano, o verdadeiro crente, pode obter a misericórdia de Alá.

Assim, nem os judeus nem os cristãos se reconhecem na apresentação que se faz deles no Corão; sua fé é caricaturada. Recusam-se a aceitar que deveriam todos ser muçulmanos e que só o islamismo possa trazer a salvação. Outra divergência fundamental: na Bíblia, desde a origem, o homem e a mulher são considerados iguais: "Eis o osso dos meus ossos e a carne da minha carne"(Gên 2, 23). E os humanos são criados à imagem de Deus: "Deus criou o homem à sua imagem, à imagem de Deus o criou; ele os criou macho e fêmea" (Gên 1, 27). Receberam como missão "dominar" a criação (Gên 1, 28) e assim ser associados a ela e consumá-la. O Corão diz: "Os homens são superiores às mulheres em razão das qualidades pelas quais Alá os elevou acima delas e porque eles têm o encargo de mantê-las financeiramente" (IV, 38).

Assim, se o islamismo parece estar próximo do judaísmo e do cristianismo pelo culto prestado ao Altíssimo, as comparações simplistas devem ser evitadas. O pensamento do Corão é outro, nas suas maneiras e no seu objeto, tanto na sua concepção de Deus quanto na do homem.

As obrigações do muçulmano

O Corão é a fonte da fé; é também a fonte da vontade de Alá para a vida do crente. Entretanto, se a organização da sociedade e os ritos religiosos emanam dele, a *sunna* tem também um papel importante.

O status dos fiéis

O Corão serviu de fundamento para fixar o status dos muçulmanos e o status destes diante das outras sociedades, os "infiéis".

A justiça se baseia na lei de Talião: "A lei de Talião vos é prescrita em caso de assassinato" (II, 178). No mundo, os crentes se situam acima dos infiéis: "Os que temem a Alá estão acima deles" (II, 212). E também: "Não vos caseis com mulheres politeístas. ... Não caseis vossas filhas com politeístas" (II, 220) — tratava-se dos habitantes da Arábia que não tinham se convertido ao islamismo. Os cristãos também são acusados de politeísmo, em virtude de sua fé em um Deus trinitário.

O Corão também exige que o fiel faça um testamento de seus bens: "Em favor de seu pai e sua mãe, de seus parentes mais próximos" (II, 180). O direito de sucessão é complexo.

As relações familiares são detalhadas minuciosamente no Corão. O homem tem prioridade sobre a mulher (II, 228) e detém a autoridade (II, 34). Pode repudiar sua mulher, que tem a possibilidade de voltar a casar-se depois de três meses (deve comunicar ao ex-marido uma eventual gravidez; este pode então retomá-la até o nascimento da criança). A viúva também é autorizada a casar-se novamente, depois de um prazo de quatro meses e dez dias. Uma mulher repudiada tem direito a pensão. O homem pode desposar "duas, três ou quatro mulheres" (IV, 3), sob a condição de conseguir mantê-las. Além disso, pode tomar escravas e concubinas.

O Corão também dá indicações sobre as relações econômicas entre os membros da família, as obrigações para com os filhos e os órfãos. Assim, "Alá vos ordena atribuir ao menino uma parte igual à de duas meninas" (IV, 11). Se a mulher morrer sem filhos, a metade ou a quarta parte de seus bens cabe ao marido. Para evitar os casamentos consanguíneos, o Corão também rege o grau de parentesco.

As relações fora da família

Um crente não pode matar outro crente (IV, 92). Em contrapartida, o direito é variável em relação ao não-crente: "Cada vez que eles são levados à revolta, eles o fazem em massa. Se não se retirarem para longe de vós, se não vos oferecerem a paz, se não depuserem as armas, tomai-os e matai-os por toda a parte em que forem encontrados. Nós vos damos poder sobre eles" (IV, 91). É um dever combater os hipócritas "no caminho de Alá" (IV, 95). Mas, antes disso, é preciso tentar convertê-los e, se eles pedirem a paz, é preciso concedê-la (IV, 90). Essas prescrições deram origem ao status dos "infiéis". A "gente do Livro", judeus e cristãos, pode conservar sua religião, sob a condição de pagar um imposto de capitação, às vezes muito pesado, e isso desde os primeiros séculos do islamismo. É o satus de *dhimmitude*, sinal de inferioridade em relação aos muçulmanos. Entretanto, o Corão também exorta a manter boas relações com eles: "Não discutais com a gente do Livro, a não ser da maneira mais cortês, salvo com aqueles que são injustos" (XXIX, 46). O crente deve pois cultivar boas relações com os infiéis e ser justo com eles, sem procurar sistematicamente enriquecer-se.

Do Corão derivaria o direito penal, fixado pelos juristas. A *sharia* se aplica a todos os membros da comunidade, e as penas são pesadas: o roubo é punido com a ablação da mão direita, o banditismo com a pena de morte, a fornicação com cem chicotadas. A interpretação do Corão e da tradição tem um papel considerável no mundo muçulmano, mesmo tendo havido evolução. Ela marcou profundamente sua mentalidade, pois a lei islâmica é a expressão do contrato que liga Alá ao crente; o juízo final levará em conta o respeito a esse contrato.

As obrigações religiosas, ou os "cinco pilares do islamismo"

As cinco obrigações rituais, chamadas de "pilares da religião", são: a profissão de fé, a prece ritual, o jejum do Ramadã, a esmola e a peregrinação a Meca.

• *A profissão de fé* consiste em reconhecer que há um só Deus, Alá, afirmação que se repete muitas vezes no Corão. A tradição acrescentou: "E Maomé é o seu Profeta." O crente deve repetir sempre essa profissão.

• *A prece ritual.* O Corão a ordena por três vezes (VII, 205; II, 238; VII, 2): "Só são verdadeiramente crentes ... os que cumprem o dever da prece."

A tradição fixou em cinco o número das preces cotidianas, e a lei islâmica instaurou um conjunto de gestos e palavras a ser rigorosamente seguido. A prece é um elemento essencial do culto. Ocorre em momentos precisos do dia: de manhã, ao alvorecer, entre a aurora e o nascer do sol, ao meio-dia, no meio da tarde, ao pôr-do-sol e depois do pôr-do-sol. O apelo à oração é lançado do minarete pelo muezim, da seguinte maneira: "Alá é grande (4 vezes); declaro que não há outra divindade senão Alá (2 vezes). Vinde à prece (2 vezes); vinde à salvação (2 vezes); Alá é grande (2 vezes); não há outra divindade senão Alá" (citado por Dominique Sordel, *L'Islam*, Paris, PUF, col. "Que sais-je?", 18ª ed., 1995).

Para orar, o crente não deve estar embriagado e deve purificar-se por uma ablução, geral ou reduzida. Retira os sapatos, para evitar a sujeira do chão em que pisa, preservando assim a pureza legal do tapete de orações ou da mesquita. A prece pode ser feita em qualquer lugar, com a face voltada para Meca (II, 144).

Nas sextas-feiras, a prece do meio-dia deve ser feita na mesquita e é acompanhada de uma pregação. Inicialmente, esta era feita pelo califa, depois por doutores instruídos na lei islâmica. Na mesquita, um nicho, o mihrab, indica a direção de Meca. Os crentes se alinham em fileiras cerradas, sem distinção de posição social. Seguem em silêncio a prece dirigida por um oficiante. Esta começa com a formulação de intenção de que faz parte a primeira surata, a *fatiha*, e depois os textos rituais e a profissão de fé. A assembléia se expressa por inclinações e gestos. A prece na mesquita só é feita pelos homens; as mulheres não são admitidas a esse ritual.

• *O jejum do Ramadã.* "Ó vós que credes! O jejum vos é prescrito. O Corão foi revelado durante o mês do Ramadã" (II, 183 e 195). Esse jejum foi talvez instaurado em Medina e substituiu uma prática pré-islâmica, o jejum do décimo dia. O mês do Ramadã é o da revelação. Jejua-se de dia; festeja-se à noite. "Comei e bebei até que, na aurora, se possa distinguir um fio branco de um fio negro; depois, jejuai até a noite" (II, 187). O jejum não é obrigatório para os doentes e viajantes, que podem fazê-lo em outro momento. O início do jejum é anunciado oficialmente pelas autoridades, ao surgir da lua nova. O cálculo, segundo os meses lunares, data do século X. O Ramadã é um mês excepcional, um tempo de festa para todos os crentes. No fim do Ramadã, a festa de ruptura do jejum comporta uma prece solene e donativos aos pobres. O jejum deve proporcionar a purificação para o crente.

• *A esmola legal* tem também um papel de purificação. É preciso desligar-se dos bens da Terra; uma parte deles deve ser restituída a Alá. Organizada inicialmente como uma coleta, tornou-se uma esmola de caráter caritativo e depois um simples imposto. A esmola legal não substitui o dever de ajudar espontaneamente os mais pobres.

• *A peregrinação.* Seu sentido é o retorno às origens da revelação, para a Ka'ba, onde se acha a Pedra Negra. Cada muçulmano tem como obrigação, se possível, fazê-la pelo menos uma vez na vida: "Cumpri por Alá a grande e a pequena peregrinação" (II, 196). A primeira é a peregrinação ritual, em data determinada, que reúne as grandes multidões; a segunda é a peregrinação individual, que pode ser feita em qualquer momento do ano. Essa peregrinação foi instaurada para corresponder à peregrinação judaica a Jerusalém; ela substitui o antigo costume árabe do tempo do politeísmo, quando as tribos já vinham prestar um culto à Pedra Negra. O islamismo fez disso uma prática ritual. Se o crente é incapaz de ir a Meca, pode substituir a peregrinação por oferendas e jejum.

Durante a peregrinação, "o peregrino deverá abster-se de toda coabitação com uma mulher, de libertinagens e disputas" (II, 197). A pureza ritual deve ser respeitada até nas roupas.

A peregrinação, que assume portanto duas formas, é complexa e dura vários dias. Compreende duas partes. A pequena peregrinação, que pode ser feita durante todo o ano (embora inicialmente fosse realizada durante o mês sagrado) é o *omra*. Consiste principalmente em sete deambulações rápidas em torno da Ka'aba. Construção retangular de pedra, recoberta por um véu negro, contém, engastada em um de seus ângulos, a Pedra Negra, que constituía, desde antes do islamismo, o emblema da sacralidade do lugar. A partir da revelação, esse lugar sagrado, assim como a totalidade dos territórios de Meca e Medina foram proibidos aos não-crentes. A Ka'aba é cercada de um pátio e o crente deve purificar-se antes de entrar.

A grande peregrinação, ou *hajj*, é coletiva e em data fixa, entre 7 e 10 do mês de *dhou'l-hijja*. No dia 7, há uma pregação na mesquita da Ka'aba. No dia 8, ao pôr-do-sol, os peregrinos se deslocam para Arafat, a 19 quilômetros da Ka'aba, parando em Mina para passar a noite. No dia seguinte, ficam de pé, em adoração, na colina de Arafat. Ao pôr-do-sol, dá-se a corrida, quando todos se precipitam para Mozdalifa: "Precipitai-vos de Arafat" (II, 198). No dia 10, os peregrinos voltam a Mina, onde acontece o apedrejamento de uma estela com sete pedras recolhidas em Mozdalifa, e depois o grande sacrifício, ao qual se associa o conjunto do mundo muçulmano, a festa do *al'îd al-kabîr*. A peregrinação termina com três dias (11, 12 e 13) de lançamento de pedras, simbolizando a lapidação de Satã, e com a volta aos lugares santos e à Ka'aba. Antes de voltar para casa, o peregrino pode deter-se em Medina, onde está o túmulo do Profeta.

Se a peregrinação tem um impacto religioso importante, também tem um papel social e político. Os muçulmanos de todas as tendências e de todos os países se encontram em Meca, cada vez mais numerosos. É a ocasião de afirmar a solidariedade do islamismo e a sua importância. É também um momento de comércio e de intercâmbios de todo tipo.

Além da prática das cinco obrigações, o muçulmano deve cumprir prescrições pessoais: a prece individual, o jejum para resgatar os pecados, a esmola e o perdão aos irmãos, as interdições alimentares (referem-se à carne de porco e ao vinho; além disso, todo animal deve ser sangrado), a circuncisão para o jovem muçulmano, o djihad, luta contra a infidelidade ao islamismo sob todas as suas formas.

O conjunto dessas práticas dá uma grande unidade ao mundo muçulmano, apesar de sua diversidade.

A *umma*

A vida social que decorre da aplicação da lei islâmica favorece os laços entre muçulmanos. O Corão ensina a fraternidade e a igualdade: "Os crentes são irmãos" (XLIX, 10), os árabes e todos os povos convertidos ao islamismo. A língua árabe, que se impôs por toda a parte como língua sagrada, é utilizada para a leitura do Corão e para a prece, o que apresenta problemas para as comunidades não-árabes, como a da Turquia contemporânea. O calendário, o estatuto e o código jurídicos oriundos do Corão e de sua interpretação aproximam o mundo muçulmano, além da unidade política que o caracterizava no início, mas que foi de curta duração. Efetivamente, a alteração provocada pela conquista otomana e depois o desmantelamento progressivo do Império Otomano modificaram profundamente o islamismo, favorecendo os nacionalismos. Todavia, a partir do século XIX, surgiram manifestações pelo restabelecimento da *umma*, a comunidade dos primeiros séculos muçulmanos.

A evolução do mundo muçulmano

Depois de uma evolução muito rápida nos primeiros tempos, o islamismo conheceria, a partir do século XVI, uma estagnação e depois um recuo, antes do período contemporâneo, quando há uma retomada da sua expansão.

O período de expansão

• *A unidade em torno do califa.* A difusão do islamismo foi rápida, fulgurante, sob o califa Omar. A Síria foi conquistada, a Pérsia, a Mesopotâmia foram atingidas, assim como o Egito e a Cirenáica. Mu'awiya estabeleceu o princípio dinástico e instalou sua capital em Damasco. Essa dinastia, os omíadas, seria a verdadeira organizadora do novo império. As regiões conquistadas eram todas cristãs e nelas subsistia um judaísmo importante. A nova dinastia usou esses novos súditos para traduzir os textos gregos e siríacos para o árabe. Assim, os novos senhores puderam instalar uma verdadeira administração, que não existia em Medina. Apresentado como uma reforma do monoteísmo, o islamismo foi aceito na Síria, aberta havia séculos a todas as correntes heterodoxas de origem cristã. Essa osmose serviu ao islamismo, pois permitiu-lhe transformar-se em religião universal, e não apenas árabe, graças aos juristas e aos teólogos, experientes nas práticas bizantinas e judaicas. Suas novas estruturas permitiram ao islamismo estender-se até o Ocidente (Magreb, Espanha) e ao Extremo Oriente (China).

Entretanto, as querelas entre facções destruíram a dinastia omíada. Os abássidas lhe sucederam. A tradição foi então colocada por escrito. O poder do califa, instalado em Bagdá, foi reforçado, assim como a administração. Esta se tornou mais detalhista e mais repressora em relação aos judeus e cristãos: o imposto ao qual estes deviam sujeitar-se aumentou, as medidas restritivas e discriminatórias, que se difundiram, eram sentidas como humilhações (usar roupas e chapéus característicos, limitar a altura de suas casas, não possuir armas, nem cavalos, nem escravos muçulmanos, ao passo que os muçulmanos tinham escravos cristãos, praticar o seu culto com discrição...). Essas práticas, nascidas no Oriente, se difundiriam na Espanha. Os judeus abandonaram o hebraico pelo árabe ou pelo judeu-árabe.

• *O deslocamento.* A partir do século VIII, o império se deslocou: o emirado andaluz se tornou autônomo, assim como os reinos do Magreb. A dinastia dos abássidas foi substituída, no século X, pela dos fatímidas, xiitas radicados no Egito, de práticas violentas. Mas essa nova dinastia recuou já no século XI e desapareceu, vencida pelos cristãos latinos que queriam recuperar os lugares sagrados cristãos, que tinham passado para o controle dos muçulmanos, e pelos seljúquidas, turcos sunitas. Os seljúquidas, cujo avanço foi detido durante dois séculos pelos cristãos francos, instalados no Oriente, se voltaram então para a Ásia Menor. A chegada dos mongóis pôs fim ao califado de Bagdá. Esses mongóis eram budistas, mas também tinham cristãos nestorianos em suas fileiras. Por um momento, tratou-se de uma aliança entre francos e mongóis. Mas hesitações generalizadas permitiram aos mamelucos do Egito derrotar os primeiros e rechaçar os outros. Finalmente, no século XVI, um turco aparentado aos seljúquidas, Osmã, impôs seu poder sobre o islamismo. Conquistou toda a Ásia Menor — Constantinopla caiu em 1453 — e depois a Europa balcânica. Esse império, demasiadamente grande, não tardaria a entrar em decadência. Depois de Solimã, o Magnífico (1520-1566), esse poder extremamente autoritário sufocou qualquer movimento de civilização. No momento em que a Europa ocidental se engajava na modernidade e começava sua expansão pelo mundo, o Império Otomano se imobilizava e mergulhava em crises que lhe seriam fatais. O califa, aglutinador desse imenso império, não conseguia mantê-lo. Por toda a parte, venciam os nacionalismos. A Espanha voltou a ser cristã. Querelas de todo tipo envenenavam o islamismo; os religiosos influenciavam a escolha dos sucessores ao posto de califa. O declínio do Império Otomano prosseguiu no século XIX, e o "Grão Turco", o califa otomano que implantara sua capital em Constantinopla, que se tornou Istambul, perdeu pouco a pouco os Bálcãs, o Oriente Próximo e o Oriente Médio.

O recuo do Império Otomano

O fim do Império Otomano

No século XIX, os otomanos começaram a perceber a importância do seu atraso e iniciaram as primeiras reformas. Mas seu recuo resultou no desmantelamento do império, consagrado pelo tratado de Sèvres, em 1920. Ataturk apoderou-se da Turquia e fez dela uma república leiga, depois de suprimir o califado; uma verdadeira revolução.

O encontro com o Ocidente

O islamismo também sofreu o choque do encontro com o Ocidente. Desde o século XIX, franceses e ingleses se instalaram na bacia do Mediterrâneo, onde as estruturas e modos de vida permaneciam medievais. A instrução dispensada pelas missões e a administração das metrópoles alcançavam classes abastadas de muçulmanos, nas quais se começava a forjar uma elite ocidentalizada. A chegada dos colonos judeus à Palestina, no começo do século XX, foi um novo choque. A declaração Balfour evocava a criação de um "Lar Nacional Judaico" nesse país, então com maioria árabe e muçulmana. No mundo árabe, colonizado e desmantelado, frustrado por não ter obtido um grande Estado depois da I Guerra Mundial, surgiram reivindicações de independência, pela unidade do islamismo e por um retorno às fontes.

As correntes de renovação

As aspirações do islamismo

Correntes de renovação se desenvolveram no Oriente Próximo. Os cristãos dessas regiões, apoiados pela chegada dos cristãos da Europa, conseguiram uma verdadeira emancipação. Os muçulmanos também queriam a reforma, e mais ainda porque enviavam os seus jovens para se formarem na Europa. Desenhou-se uma reação no Egito, na Tunísia, na Argélia, na Turquia, desde o início do século XX. Reclamava-se uma reorientação da cultura islâmica e uma conversão das mentalidades. Foi um fracasso; o peso das tradições era excessivo. Só com a descolonização, surgiram reformadores, como Jinnah na Índia, Burguiba na Tunísia e Nasser no Egito. Todos queriam promover seus países, abri-los mais para o mundo contemporâneo.

A nova expansão do islamismo

O islamismo tem na África um desenvolvimento importante. Propõe uma religião simples, que autoriza a poligamia, proibida pelos cristãos. O islamismo também se estende na Ásia. No Ocidente, progride graças à imigração e ao crescimento demográfico que a acompanha. Os países islâmicos ricos apóiam essas comunidades da Europa e financiam a construção de mesquitas e a formação de imãs.

Esse mundo muçulmano é díspar e dilacerado entre integristas, que querem conservar a totalidade do sistema religioso, num universo em que é difícil aplicá-lo, e os fundamentalistas, que querem voltar às fontes do islamismo. Cada Estado conserva zelosamente os seus costumes, suas interpretações. O mesmo acontece no Ocidente, onde cada grupo fica ligado à sua comunidade de origem. Essa situação prejudica os muçulmanos que desejariam praticar sua religião, inserindo-se, ao mesmo tempo, na sociedade ocidental e nos países em que vivem.

Nas nações em desenvolvimento, muitas vezes o islamismo pesa fortemente sobre os costumes, principalmente sobre a situação da mulher, cuja igualdade com os homens é raramente reconhecida. Se alguns países fazem esforços reais para progredir nessa direção, associações integristas ou fundamentalistas os ameaçam.

Ao pretender aplicar integralmente a lei islâmica, os radicais freiam a emancipação e os progressos rumo à democracia em seus países, prejudicando todo o islamismo, o que não deixa de suscitar temor e apreensão no Ocidente.

Este livro foi composto pela TopTextos Edições Gráficas Ltda., em Agaramond, e impresso por Cromosete Gráfica Editora em março de 2000.